Die Hallwag Weinschule

Für Sibylle

Dank

Wir möchten uns beim ganzen Hallwag-Team herzlich für seine Begeisterungsfähigkeit, die Kritiklust und den Durchsetzungswillen bedanken, mit dem es die Entstehung dieses Buches begleitet hat, das gilt ganz besonders für Dorothee Seeliger, Cornelia Schinharl, Ulrike Lutz und Marc Strittmatter. Wir hoffen, der geneigte Leser, die geneigte Leserin spürt, dass das Thema dieses Buches für unsere Zusammenarbeit nicht nur theoretische Bedeutung besaß.

Beat Koelliker, Bernd Kreis

Die Hallwag Weinschule

Mit 13 Weinproben zum Weinkenner

Hallwag

Liebe Leserin, lieber Leser,

Erfahrung bringt mehr als reine Theorie, deshalb ist das Herzstück dieses Buchs ganz der lustvollen Praxis, dem »learning by tasting« gewidmet. Hier erhalten Sie einen Überblick über die 52 wichtigsten Weine, die jeder Weinliebhaber irgendwann in seinem Leben kennen lernen sollte.
Den höchsten Gewinn und sicher auch am meisten Spaß haben Sie, wenn Sie mit einigen Freunden zusammen einzelne oder alle Verkostungsrunden genießen. Wie Sie das »organisieren« können, wird auf Seite 36/37 beschrieben. Und dass Sie auch einmal allein auf Entdeckungsreise gehen und sich nur einen Wein aussuchen können, erfahren Sie dort ebenfalls.
Ganz ohne Theorie geht es allerdings auch bei uns nicht. Alles, was Sie über die Vorbereitungen wissen sollten, finden Sie im Kapitel eins, alles zum Rebensaft selbst im Kapitel drei.
Und nun, zum Wohl!

Beat Koelliker, Bernd Kreis

Teil 1

Das Wichtigste rund ums Verkosten

Teil 2

In 13 Weinproben 52 Mal Riechen, Schmecken, Genießen

Teil 3

Weinwissen

Die vier Weinfamilien

Die Weißweinstile

Die Rotweinstile

Die vier Schaumweinstile

Die vier Aperitif- und Dessertweinstile

Das Wichtigste zuvor

Der Genuss von Wein kann an unseren tiefsten Sehnsüchten rühren, sie wecken und manchmal sogar befriedigen. Er öffnet unsere Sinne, belebt unseren Geist, macht uns gesellig und erzählt uns von den Geheimnissen seiner Herkunft. Bevor wir uns ganz konkret und praktisch auf Wein einlassen, wenden wir uns hier dem zu, was er für uns bedeutet – seiner Seele und seiner Magie. Nur wenn wir dafür offen sind, beschenkt er uns mit seinem ganzen Zauber.

Die Freude der Sinne

Alles riecht. Die ganze Welt ist voller Düfte und Gerüche. Sie erfüllen die Luft, in der wir uns bewegen, die wir ein- und ausatmen. Mit jedem Atemzug schenken sie uns Gefühle und Informationen, Versprechungen und Warnungen, Verlockungen und Verwirrungen.

Für unsere frühesten Vorfahren war jeder Atemzug wichtig: Was lag in der Luft? Freundliches oder Feindliches? Je nach Information wurde der Jagd- oder der Fluchtinstinkt geweckt. So konnte der Geruchssinn über Leben und Tod entscheiden, ihn zu schärfen war überlebensnotwendig.
Was für die Nase gilt, gilt in gleicher Weise auch für den Gaumen. Unsere Vorfahren prüften beim Essen und Trinken jeden Bissen. War das Wasser sauber, das Fleisch genießbar, die Milch vielleicht gar vergiftet?
In unserer Welt und Gesellschaft sind diese Gefahren gebannt. Unsere Sicherheit haben wir an Lebensmittelkontrolle und Luftreinheitsverordnung delegiert, die Verlockungen desodoriert und damit um ihre wilde Natürlichkeit und Gefährlichkeit gebracht. Die lebenswichtigen Kontrollfunktionen, die unsere Geschmacksnerven bei jedem Atemzug und bei jedem Bissen zu hellwachen »Degustatoren« werden ließen, sind heute überflüssig geworden. Unsere Speisen sind »sicher«, die Atemluft rein, und um die Gefahren kümmert sich die Polizei.

Unsere Geruchs- und Geschmacksnerven haben also ihre ursprüngliche Funktion verloren, wir brauchen sie nicht mehr fürs Überleben. Wir können sie ohne Schaden vernachlässigen und einschlafen lassen und tun das leider nur allzu gern und oft.

Wer Wein genießen will, sollte seine Sinne aus diesem Dornröschenschlaf wecken. Er muss wieder entdecken, dass alles riecht und schmeckt, duftet oder stinkt. Man kann nicht beim Wein die Nase und den Gaumen einschalten und nach dem letzten Schluck wieder ausschalten.
Lassen Sie sich auf das Abenteuer ein, Ihre Sinne bewusst zu trainieren, wieder riechen und schmecken zu lernen. Sie erschließen sich eine ganze Welt. Wein ist nur ein Teil davon.

Die Freude der Geselligkeit

Auch eine gute Flasche Wein, allein in Muße getrunken, kann Sie glücklich machen. Noch schöner wird der Genuss aber zusammen mit

Freunden. Der Wein öffnet die Sinne und den Geist, weckt unsere Kreativität und belebt die Tafelrunde. Ob wir Wein nur probieren wollen oder ihn zu einem feinen Essen genießen, ob er unser Gespräch mit Freunden begleitet oder einen festlichen Anlass krönt, Wein findet seine wahre Bestimmung in der Geselligkeit und Freundschaft. Er kann Thema sein und Inspirationsquelle.
Reden Sie über Ihre Eindrücke, tauschen Sie sich aus und bereichern so sich und Ihre Freunde mit neuen Erfahrungen. Das vertieft auch Ihr eigenes Erlebnis.

Wein ist zwar ein Geschenk der Götter, gemacht wird er aber von Menschen, den Weinbauern und Kellermeistern. Sie begleiten ihn von den ersten Knospen der Reben, die im Frühjahr treiben, bis zur Auslieferung der Flaschen. Suchen Sie den Kontakt zu diesen Fachleuten. Was in keinem Buch eingefangen werden kann, ist die Magie des Ortes und die Liebe und Hingabe der Winzer zu ihrem Produkt. Nicht selten werden Sie dann plötzlich verstehen, weshalb ein Wein so ist, ja genau so sein muss, wie er ist.

Die Freude des Entdeckens

Wissen ohne die lebendige Begegnung mit dem Wein selbst bleibt graue Theorie. Man kann hundert Weinbücher lesen, alles über Wein lernen und doch keinen echten Zugang finden. Der Wein ist unser Ziel: Er funkelt im Glas, verströmt seinen Duft und weckt unsere Aufmerksamkeit. Es ist diese Erfahrung, die wir suchen und die das Wissen erst lebendig macht.
Nutzen Sie deshalb jede Gelegenheit, neue Weine kennen zu lernen, alte Bekannte neu zu entdecken und Ihren Erfahrungsschatz zu erweitern.
Bleiben Sie dabei offen und unbefangen. Verlieren Sie nicht ihren besten Führer, die Neugierde. Viele Menschen urteilen ziemlich rasch nach dem »Schmeckt mir – schmeckt mir nicht«-Schema, das zur Falle werden kann. Geben Sie einem Wein ruhig auch einmal eine zweite oder sogar dritte Chance. Ein neuer Duft, ein neuer Geschmack bleiben bei der ersten Begegnung oft fremd und unverständlich und müssen erst erschlossen und ergründet werden. Dabei kann sich schließlich Verständnis und Freude entwickeln.

Wein ist in unendlich vielen Kulturen verwurzelt, die uns zum Teil nicht so vertraut sind. Und wir müssen durch Aufmerksamkeit, Konzentration und Respekt den Zugang erst finden. Vorschnelles Urteilen verbaut uns dabei den Weg. Trinken, Verkosten und Verstehenlernen bringen uns dagegen weiter.

Teil 1

Das Wichtigste rund ums Verkosten

Die Vorbereitungen

Der Wein muss ausgesucht werden, vom Händler in Ihren Keller kommen, von dort auf den Tisch und zu guter Letzt in die Gläser. Dieser Weg birgt einige Tücken und Fallen. In diesem Kapitel finden Sie alles, was Sie wissen sollten, um diese erste Strecke gefahrlos zu bewältigen und erwartungsfroh mit Ihren Freunden anstoßen zu können.

Einkauf und Lagerung

Wo man Wein kauft
und wie man zu Hause mit ihm umgeht

Einkauf

Die meisten Menschen kaufen Wein kurz bevor sie ihn trinken möchten. Wein braucht aber Zeit, manchmal sogar sehr viel Zeit. Will man sich einen eigenen Weinkeller anlegen, kauft man zudem Weine, die man ganz unterschiedlich schnell trinken wird. Etwas Planung ist daher angesagt. Guter Rat ist allerdings teuer. Trotzdem einige Hinweise:

Das Angebot im Handel ist riesig und schier unüberschaubar. Sie brauchen also Orientierungshilfe und Beratung. Der Fachhandel bietet Ihnen beides gerne, und auch einige Warenhäuser mit einer gepflegten Weinabteilung verfügen über geschultes Personal. Nehmen Sie diese Dienstleistung in Anspruch. Aber! Bleiben Sie selbstbewusst, stellen Sie Fragen und lassen Sie sich zu nichts überreden. Sie entscheiden, was Sie kaufen wollen. Bedenken Sie beim Kauf Ihren persönlichen Bedarf, die Lagerfähigkeit und die Wahrscheinlichkeit, dass Ihre Neugierde Ihnen auch morgen wieder neue Weine in den Keller bringen wird.
Es beruhigt aber, wenn man für jeden Anlass einen kleinen Vorrat in seinem Keller weiß.

Auch dieses Buch hilft Ihnen bei der Auswahl. Bei jedem Wein, der bei den Weinproben (ab S. 36) vorgestellt wird, gibt es Ihnen Anhaltspunkte und Tipps für den Einkauf. Beim Probieren selbst finden Sie schließlich Ihre Vorlieben heraus und können einen kleinen Grundstock für Ihren Keller zusammenstellen. Auf diese Weise wächst gleichzeitig mit Ihren individuellen Erfahrungen auch Ihr ganz persönlicher Weinkeller.

Der schönste Zugang zum Wein führt zweifellos über einen Besuch beim Winzer. Drei Regeln sollten Sie allerdings beachten:
Überfallen Sie den armen Winzer nicht. Melden Sie sich vorher an. Er kann Ihnen dann in Ruhe seine Zeit widmen.
Bleiben Sie sich selbst treu. Sie sind vielleicht noch kein Profi, aber ein interessierter Weinliebhaber, der lernen will. Ein ehrliches Gespräch bringt Sie weiter und dem Winzer näher.
Wir bringen es nicht übers Herz, einen Winzer zu verlassen, ohne ihm ein paar Flaschen abgekauft zu haben. Vielleicht geht es Ihnen ebenso?

Wie erkennt man einen guten Weinhändler?

Er gibt Ihnen kompetent und bereitwillig Auskunft über die Weine, die er verkauft. Er fragt nach, zu welcher Gelegenheit Sie den Wein trinken und wie viel Sie dafür ausgeben möchten. In der Regel ist er auf bestimmte Regionen spezialisiert. Er lagert Weine nach den Regeln der Kunst: Liegend und nicht dem (Sonnen-, Neon-)Licht ausgesetzt.

Lagerung

Nach dem alten Grundsatz »Platz ist in der kleinsten Hütte« finden auch Sie bestimmt eine Möglichkeit, Ihre Schätze zu lagern. Was ist zu beachten?

Temperatur: Wein ist nicht allzu empfindlich. Zwischen 8 °C und 18 °C ist ihm alles recht. Nur größere Temperaturschwankungen liebt er nicht.

Erschütterungen: Vibrationen aller Art können dem Wein schaden. Die Nähe zu stark befahrenen Straßen und elektrischen Geräten, ja sogar langes Lagern im Kühlschrank bekommt ihm nicht. Und nach einem längeren Transport sollten Sie zumindest Rotwein ein paar Tage, schwere Rote mit Depot (→ S. 154) sogar ein paar Wochen ruhen lassen. Weißwein ist da weniger empfindlich.

Licht: Wein liebt die Dunkelheit. Lassen Sie ihn also besser im Verkaufskarton, bevor Sie ihn hellem Licht aussetzen.

Feuchtigkeit: Der Korken muss feucht bleiben, sonst trocknet er aus und ist nicht mehr dicht. Er lässt Luft hinein und Wein heraus. Der Lagerraum sollte lieber zu feucht als zu trocken sein. Und die Flaschen müssen unbedingt liegend gelagert werden, damit der Korken auch von innen befeuchtet wird. Für Etiketts ist Feuchtigkeit allerdings nicht gut. Wenn Sie verhindern wollen, dass sie Schimmel ansetzen, besprühen Sie sie mit Haarspray (möglichst unparfümiert). Fixationssprays aus dem Künstlerbedarf eignen sich auch dafür.

Nicht leer getrunkene Flaschen: 1–2 Tage können Sie sie mit dem Korken gut verschlossen aufbewahren. Weißwein im Kühlschrank, Rotwein nicht gerade dort, aber ebenfalls schön kühl.

Welche Weine sich überhaupt lagern lassen und wie lang, erfragen Sie am besten beim Weinhändler oder Winzer.

Ist Weinstein ein Fehler?

Am Korken oder auf dem Flaschenboden finden sich ab und zu farblose oder rötliche Kristalle. Sie bilden sich aus der überschüssigen Säure und sind weder ein positives noch ein negatives Qualitätsmerkmal.

Die Weintemperatur

Was sie zum Genuss des Weines beiträgt und wie sie sein sollte

Fast alle machen es so: Der Weißwein liegt im Kühlschrank gleich neben dem Bier, und der Rotwein steht bei Zimmertemperatur im Esszimmer. Wir sind gerüstet, die Gäste können kommen.

Falsch! Denn genau so passiert es, dass wir Weißwein »immer« zu kalt, Rotwein dafür »immer« zu warm trinken.

Die Serviertemperatur

Nichts kann die Stärken eines Weins so sehr zur Geltung bringen wie die richtige Serviertemperatur: Ein leichter Weißwein erfrischt uns mit seiner Frucht bei 6–8 °C am schönsten, während sich umgekehrt die reichen Aromen eines schweren Rotweins erst bei 15–17 °C so richtig entfalten.

Kälte hebt Frucht und Tannin (→ S. 30, 153) hervor, Wärme dagegen Duft und Alkohol. Darum schmeckt zu warmer Weißwein fad, zu kühler Rotwein tanninbitter. Und wenn man in die andere Richtung übertreibt, schmeckt man beim zu kalten Weißwein gar kein Aroma mehr und beim zu warmen Rotwein nur noch den Alkohol.

Da sich der Wein im Glas rasch um 1–2 °C erwärmt, sollte die Serviertemperatur immer um etwa so viel kühler sein als die Trinktemperatur. Unsere Angaben bei den einzelnen Weinen beziehen sich immer auf die Trinktemperatur.

Das Weinthermometer

Ein Weinthermometer kann Ihnen sehr gute Dienste leisten. Mit ihm lernen Sie auch die realen Temperaturen Ihrer keller- oder kühlschrankkühlen Weine besser einzuschätzen.

Wählen können Sie zwischen zwei unterschiedlichen Prinzipien:

Eine Manschette mit Thermometer, die man um die Flasche legt. Vorteil: Man muss die Flasche noch nicht öffnen. Nachteil: Die Temperatur im Inneren wird etwas abweichen.

Ein Thermometer, das man in den Wein hängt. Vorteil: Man erfährt die genaue Temperatur. Nachteil: Man muss die Flasche öffnen.

Was aber tun, wenn der Wein ...

... zu warm ist?

Methode 1: Tiefkühlfach. Kühlung pro Minute ca. 1 °C

Methode 2: Eiskübel (Eiswürfel mit Wasser). Kühlung pro Minute ca. 1 °C

Methode 3: Kühlmanschette. Kühlung pro Minute ca. 1,5–2 °C

... zu kalt ist?

Einzige empfehlenswerte Methode: Warmwasserbad (knapp handwarm). Erwärmung pro Minute ca. 0,5 °C

Mit einem Weinthermometer kann man sein eigenes Temperaturgefühl überprüfen und schulen

Die vier Weintypen und ihre ideale Trinktemperatur

Temperatur	**Weißwein**	**Rotwein**	**Schaumwein**	**Aperitif- und Dessertwein**
6–8 °C	Leichte Weißweine		Einfache, aromatische und süße Schaumweine	Verstärkte trockene Aperitifweine (z. B. Sherry Fino)
8–10 °C	Aromatische und liebliche Weißweine Mittelschwere Weißweine		Komplexe Schaumweine (Champagner)	
10–12 °C	Schwere Weißweine	Rosé		Weine mit Edelfäule
12–14 °C		Leichte Rotweine		
14–16 °C		Mittelschwere Rotweine		Verstärkte Süßweine (Portwein)
16–18 °C		Schwere Rotweine Reife schwere Rotweine		

Entkorken, Dekantieren, Einschenken

Wie der Wein von der Flasche ins Glas kommt

Monate-, vielleicht sogar jahrelang ruhte der Wein in der Flasche und reifte ruhig vor sich hin. Jetzt ist sein großer Tag gekommen. Ein bisschen Feierlichkeit darf da schon sein.

Entkorken

Stellen Sie die Flasche gerade auf den Tisch, so vermeiden Sie, dass sie unnötig geschüttelt wird. Schneiden Sie mit einem Messer oder Kapselschneider die Kapsel deutlich unterhalb der Flaschenmündung ab, damit der Wein nicht mit ihr in Kontakt kommt.

Jetzt kommt der Korkenzieher zum Einsatz. Es gibt unendlich viele davon, wirklich brauchbar sind nur wenige, eigentlich nur zwei: der Sommelier-Korkenzieher und der Screwpull. Wichtig ist, dass die Spindel (die Spirale) einen breiten Durchmesser hat und lang genug ist. So zerschneidet sie den Korken nicht, sondern fasst ihn auf einer breiten Fläche an – und sie gelangt auch bei langen Korken bis an ihr Ende. Durch diese Mechanismen kann der Korken nicht so leicht brechen.

Was tun, wenn …

… der Korken abbricht:
Ist noch ein größerer Rest im Flaschenhals, versuchen Sie den Korkenzieher im schrägen Winkel nochmals in den Korken zu bohren, oft bekommt man ihn so noch zu fassen. Wenn alles nichts hilft: Korken vorsichtig in die Flasche drücken. Vorsichtig!

… der Korken in die Flasche fällt:
Es gibt zwar eigens entwickelte Krallen, um den Korken herauszufischen. Einfacher: den Wein dekantieren (→ rechts).

… der Korken zu fest sitzt:
Das kann Ihnen mit einer Champagnerflasche schon einmal passieren. Erwärmen Sie den Flaschenhals kurz, etwa über einer Kerzenflamme. Die Wärme weitet das Glas leicht und macht gleichzeitig den Korken geschmeidiger.

Ist ein Wein mit einem verschimmelten Korken verdorben?

Nein, überhaupt nicht.
Der Schimmel bildet sich nur äußerlich und kann dem Wein nichts anhaben.

Champagner entkorken

Reißen Sie zuerst die Folie unterhalb des Drahtkorbs auf, meist geht das mit eingeschweißten Bändchen oder Perforierungen. Nun drehen Sie den Verschluss des Drahtkorbs auf und entfernen ihn (Abbildung links). Vorsicht! Der Korken liegt jetzt frei und kann Ihre Umgebung gefährden. Nun drehen Sie mit einer Hand die Flasche und halten mit der andern den Korken fest. Den Daumen drücken Sie dabei auf den Korken und bremsen damit sein Ungestüm. Der Korken sollte sanft und ohne Knall aus der Flasche kommen. Die Knallerei überlassen wir dem Jetset und den Sportgrößen. Sollte der Korken sehr fest sitzen, wie links beschrieben den Flaschenhals kurz erwärmen. Es gibt für diesen Fall spezielle Zangen, doch auch ein Nussknacker aus Metall kann Ihnen und dem Korken aus der Klemme helfen.

Dekantieren

Bei alten Rotweinen

Alte Rotweine bilden oft ein Depot (Ablagerungen → S. 152) in der Flasche. Beim vorsichtigen, sprich langsamen Umgießen des Weins in eine Karaffe können Sie ihn davon trennen. Stellen Sie eine Kerze unter den Flaschenhals, so sehen Sie genau, wann die Trübung kommt. Die Karaffe sollte eher schlank sein, denn zu viel Luftkontakt könnte dem Wein schaden.

Bei jungen Rotweinen

Junge Rotweine können durch Lüften ganz entscheidend gewinnen. Hier ist daher eine eher weite Karaffe angezeigt. Auch dürfen diese Weine durchaus zwei oder drei Stunden vor dem Servieren dekantiert werden. Das bloße Öffnen der Flasche bringt diesen Effekt kaum, dafür ist die Kontaktfläche zwischen Wein und Luft im Flaschenhals zu gering.

Bei Weißweinen

Weißweine werden in der Regel nicht dekantiert, wir kennen aber einige Weinfreunde, die es trotzdem tun, weil sie das Ritual lieben und der Wein so schön in der Karaffe funkelt.

Einschenken

Als Gastgeber prüfen Sie zuerst, ob der Wein fehlerfrei ist (→ S. 22 ff.). Vielleicht ehren Sie auch einen Gast mit dieser Aufgabe. Dann schenken Sie ein, zuerst den Damen, dann den Herren, und sich selbst sollten Sie am Ende auch nicht vergessen. Halten Sie die Flasche dabei am Etikett und niemals am Hals. Und nicht zu voll schenken, etwa ein Drittel des Glases ist genau richtig.

Die Gläser

Wie man sie auswählt, wie man sie pflegt
und wie man daraus trinkt

Ein Weinglas ist ein multifunktionaler Universalist. Das Weinglas hat einen Fuß, darauf steht es. Es hat einen Stiel, daran fasst man es an. Und es hat einen Kelch, der dient dem Auge, der Nase und dem Gaumen. Der Fuß muss breit genug sein, damit das Glas sicher steht, der Stiel lang genug, damit man es bequem anfassen kann. Gläser ohne Stiel oder mit zu kurzem Stiel sind »stillos«.
Man hält das Glas am Stiel, und nur dort. Wer es am Kelch fasst, beschmutzt es, wärmt und verdeckt den Wein, wer es am Fuß hält, verrät sich als Möchtegernprofi.

Gläser müssen neutral riechen

Das ach so frisch nach Zitronen duftende Geschirrspülmittel sollten Sie für die Saftgläser Ihrer Kinder reservieren. Aber egal, wie intensiv das Spülmittel duftet, in jedem Fall sollten Sie die Gläser immer sehr gründlich mit heißem Wasser nachspülen.
Auch wenn es noch so praktisch ist: im Karton aufbewahrte Gläser riechen unweigerlich auch so.
Und im Schrank müssen sie aufrecht stehen, damit die Luft im Kelch nicht muffig wird.

Das Material ist wichtig

Feines hauchdünnes Kristall ist die beste Bühne für einen edlen Wein. Je edler der Inhalt, umso kostbarer soll auch das Gefäß dafür sein. Ein grobes Glas passt ganz sicher nicht zu ihm. Farbige Gläser können wunderschön sein: Stellen Sie sie in die Vitrine! Sie verfälschen oder verdecken die Farbe des Weins. Das gleiche gilt für Gläser mit Schliff (obwohl wir da bei einer festlichen Tafel eher zu Kompromissen bereit wären).

Die Form des Glases

Soll der Wein (ein Weißwein oder leichter Rotwein) kühl bleiben, darf man nur geringe Mengen einschenken, das Glas muss also eher klein und schmal sein.
Soll der Wein (ein schwerer Rotwein etwa) aber sein ganzes Aroma entfalten, muss die Oberfläche weit und das Glas groß sein.
Immer aber sollte es sich nach oben verjüngen, damit sich die Düfte dort sammeln, wo wir die Nase hineinstecken.

Machen Sie's nicht zu kompliziert

Man kann aus der »Gläserkunde« eine echte Wissenschaft machen. Für den Anfang genügen aber drei Gläser vollauf, nämlich eins für Weißwein sowie Aperitif- und Dessertweine, eins für Rotwein und eins für Schaumwein. Später, wenn Sie noch mehr Spaß am Wein haben, können Sie Ihren Bestand ja immer noch erweitern.

… und der Tastevin der Sommeliers?

Diese meist aus Silber gefertigten flachen Probierschalen haben eine ehrwürdige Geschichte und sind der Stolz und das Standesabzeichen vieler Weinbruderschaften. Ihr praktischer Wert beschränkt sich aber auf den Einsatz im dunklen Keller, wo das helle Silber Farbe und Klarheit des Weins sehr schön widerspiegeln kann. Für die Weinprobe sind sie unbrauchbar: Die flache Schale kann die Düfte nicht konzentrieren, das Silber ist kalt und hat einen metallischen Eigengeschmack.

Die vier Weintypen und die passenden Gläser

	Grundausstattung	Ergänzung	Bitte nicht
Weißwein	Auch als Degustationsglas und für Aperitif- und Dessertweine geeignet 		Becherglas 
Rotwein		Besonders für Burgunder geeignet 	Form nach oben erweitert 
Schaumwein			Sektschale 
Aperitif- und Dessertweine			Likörschale 

Die Beurteilung des Weins

Der Wein ist im Glas.
Er spricht Sie an mit seiner Farbe, seinem Duft, seinem Geschmack –
die Zwiesprache mit ihm beginnt.
Und diese Sprache klingt gleichzeitig vertraut und rätselhaft.
In diesem Kapitel lernen Sie gewissermassen ihre Grammatik
und die Bedeutung der Botschaften,
die Ihnen der Wein durch sie übermittelt.

Die sechs Schritte beim Verkosten

Was man im Wein alles entdecken kann

Sie haben Freude am Wein und möchten diese Freude vertiefen. Damit bringen Sie schon alles mit, was Sie brauchen, um Weine verkosten zu können: wache Sinne und einen neugierigen Geist. Mehr ist nicht nötig. Der Rest ist etwas Technik (die kann man lernen) und Übung (die ergibt sich ganz von selbst).
Ein Tipp vorweg: Die Nase spielt beim Verkosten eine besonders wichtige Rolle. Tabak, Parfum und andere intensive Gerüche stören sie und damit den Genuss enorm.

Einschenken

Schenken Sie das Glas (→ S. 20) nur zu etwa einem Drittel voll. So können Sie es neigen und den Wein darin schwenken und richten in der Regel kein Unheil dabei an.

Betrachten

Halten Sie das Glas leicht geneigt vor einen weißen Hintergrund (etwa ein Blatt Papier oder eine Stoffserviette). So können Sie im Zentrum die Farbtiefe, am Rand die Farbnuancen und die Klarheit des Weins am besten beurteilen.

Riechen

Schwenken Sie den Wein im Glas. Am sichersten gehen Sie dabei, wenn Sie das Glas auf dem Tisch stehen lassen und es kreisförmig bewegen. Damit benetzen Sie die Wände des Glases mit Wein. Die Aromastoffe (→ S. 28) bilden im Glas einen unsichtbaren Nebel, den Sie mit der Nase einsaugen können. Es folgt ein kostbarer Moment, in dem Sie schon fast alles über den Wein erfahren. Schenken Sie ihm Ihre ganze Aufmerksamkeit.

Schmecken

Sie nehmen einen schönen Schluck in den Mund. Der Wein trifft auf Ihre Zunge, diese erschrickt ein wenig oder erschauert unter dem Eindruck von Fruchtsüße und Säure (→ S. 30).

Kauen und Schlürfen

Der Wein breitet sich in Ihrem Mund aus. Durch »Kauen« und leichtes Schlürfen (ein bisschen dürfen Sie die Erziehung dabei schon vergessen) verteilen Sie ihn in der ganzen Mundhöhle und belüften ihn. Da Mundhöhle und Nasenhöhle über den Rachen direkt verbunden sind, erreichen die erwärmten Aromastoffe von innen her nochmals Ihre Nasenschleimhaut.
Zu Duft und Geschmack kommt jetzt der Tastsinn hinzu. Sie fühlen die Konsistenz des Weins, seinen Körper – etwa ob er mager oder fleischig schmeckt (→ S. 30, 153) und eventuell auch seine Perlen.

Schlucken oder Spucken

Profis spucken die Weine wieder aus und behalten so auch bei umfangreichen Weinproben einen klaren Kopf. Im privaten Rahmen ist das wohl nicht notwendig. Wie man aber wie ein Profi spuckt, sehen Sie rechts.
Nach dem Schlucken fügen sich alle Sinneseindrücke zu einem Ganzen zusammen. Jetzt entscheidet es sich, ob sie zu Harmonie und Komplexität verschmelzen und eine ausdrucksvolle Weinpersönlichkeit erkennen lassen oder nicht. Qualitätsvolle Weine klingen noch lange am Gaumen nach. Man nennt das Abgang.

Schritt 1: Einschenken

Schritt 2: Betrachten

Schritt 3: Riechen

Schritt 4: Schmecken

Schritt 5: Kauen und Schlürfen

Schritt 6: Schlucken oder Spucken

Die Farbe des Weins

Was sie über den Wein verrät und wie sie sein sollte

Der Wein erfreut alle unsere Sinne: Das leuchtende Rubin, das strahlende Gold im Glas sind pure Augenweide. Darüber hinaus verraten uns Farbe und Aussehen des Weins viel über den Genuss, den er uns bald schenken wird.

Klarheit

Wein muss klar sein und glänzend, dann ist er – ganz unabhängig von seinem Alter – gesund. Eine leichte Trübung, die ganz offensichtlich vom Bodensatz herrührt (müsste man in der Flasche erkennen), lasten wir nicht dem Wein, sondern dem »Mundschenk« an. Matter, trüber Wein dagegen sieht krank und müde aus, seine Gesellschaft meiden wir wohl besser.

Farbtiefe

Wenn wir das Glas vor einem weißen Hintergrund leicht neigen, sehen wir, wie sich die Farbe des Weins vom Rand gegen das Zentrum hin vertieft. In der Mitte ist sie bei schweren Rotweinen oft fast schwarz, sodass wir unseren Finger kaum mehr sehen, wenn wir ihn unter dem Glas hin und her bewegen. Das ist die Farbtiefe. Sie ist allerdings nicht immer ein sicherer Hinweis auf die Qualität des Weins. Es gibt Traubensorten mit Beeren, die wahre Farbbeutel sind und andere, die immer helle Weine hervorbringen. Burgunder und Barolo beispielsweise werden nie die Farbtiefe eines Bordeaux oder eines Syrah-Weins erreichen.

Farben

Die Farbe verdankt der Wein der Traubensorte, aber auch seiner geografischen Herkunft und seinem Alter. Ein kühles Klima schenkt Weißweinen oft grünliche Reflexe und erbringt generell hellere Rotweine als ein warmes.
Wie bei einem Papier, das vergilbt, oder bei einem angeschnittenen Apfel, der an der Luft braun wird, verändern Alter und Sauerstoff auch die Farbe des Weins: Weißwein wird mit der Zeit dunkler, zuerst golden und dann bernsteinfarben. Rotwein wird heller, zuerst rubinrot, später ziegelrot und am Schluss zwiebelfarben und hat dann wahrscheinlich das Ende seiner Biografie erreicht.

Die Farbnuancen sieht man am besten am Rand des Weins, die Farbtiefe im Zentrum

Weinfarben

Weißwein
helles Gelbgrün
blasses Goldgelb
tiefes Goldgelb
Bernstein

Rotwein
Schwarzrot
Rubin
Purpurrot
Ziegelrot
Granat

Die Vielfalt der Weinaromen

Wie unterschiedlich sie sind und was sie uns über den Wein verraten können

Unser Gedächtnis speichert seit frühester Kindheit Gerüche und Düfte. Wir wissen noch genau, wie es im Kleiderschrank der Großeltern roch oder in den Schulzimmern der Grundschule. Dieser Erfahrungsschatz begleitet uns als ganz persönlicher Resonanzraum beim Riechen und Schmecken. Das sollten wir bedenken, wenn wir bei einer Weinprobe feststellen, dass jeder Teilnehmer die Düfte, die dem Glas entströmen, etwas anders wahrnimmt und mit anderen Assoziationen verbindet als der andere. Der Austausch über diese individuellen Wahrnehmungen ist eine Bereicherung. Unsere eigenen Erfahrungen werden um die aller anderen, die am Wein schnuppern, ergänzt.

Im Wein spiegelt sich – im Guten wie im Schlechten – der ganze Reichtum der Natur wider. Wir riechen Blumen, Beeren und Früchte, Gewürze und Harz, Kaffee und Butter, Teer und Petrol, aber leider auch Essig, faule Eier, fehlerhafte Korken und unendlich viel mehr. Selbst für einen Kenner ist es nicht immer leicht, sich in diesem verwirrenden Reichtum zu orientieren, seine Eindrücke zu ordnen und zu formulieren. Lassen Sie sich also nicht entmutigen! Bleiben Sie dran! Aber hüten Sie sich auch hier davor, aus der Aromasuche einen Sport zu machen. Vertrauen Sie Ihren eigenen Wahrnehmungen und darauf, dass Sie mit der Zeit immer mehr erriechen werden. Die Übersicht rechts gibt Ihnen darüber hinaus einige Anhaltspunkte, was man in den Weinen alles entdecken kann.

Die Aromen stammen entweder von der Traube selbst (Primäraromen → S. 120), entstehen bei der Gärung (Sekundäraromen → S. 123f.) oder entwickeln sich langsam – oft über Jahre hinweg – durch die Reifung im Fass und in der Flasche (Tertiäraromen → S. 124).

Die meisten Weißweine und viele leichte Rotweine verführen uns vor allem mit dem Charme ihrer Jugend: den primären Blüten- und Fruchtaromen. Der Alkohol der Gärung löst sie aus dem Fruchtfleisch. Die Hefen und Bakterien (→ S. 123) der verschiedenen Gärungen tragen den sekundären Duft von Brot und Butter bei. Schwere Weißweine und viele Rotweine werden anschließend im Fass ausgebaut (→ S. 125) und vereinigen dabei ihre Frucht mit den Vanille- und Röstaromen des Holzes. Später in der Flasche entwickeln reiche Weine Milde und Süße. Herbstliche Töne begleiten diese letzte Stufe der Reifung, die einzelnen Aromen fügen sich immer mehr zu einem harmonischen Strauß zusammen, dem Bouquet oder Bukett (→ S. 152). Der Wein hat seine Vollendung gefunden.

Den Duft sonnengereifter Himbeeren finden wir in vielen Rotweinen

Die Vielfalt der Weinaromen

	Aromenfamilien	Beispiele	Typisch für ...
Weißwein	Blumig	Akazie, Linde Rose	Junge Weißweine, besonders typisch für Chardonnay Gewürztraminer, Muskateller
	Fruchtig	Pfirsich, Aprikose Apfel Birne, Quitte Zitrusfrüchte Beeren (schwarze Johannisbeeren) Exotische Früchte (Ananas, Mango) Getrocknete Früchte (Feigen, Aprikosen)	Riesling, Chardonnay, Süßweine Chardonnay, Riesling Grauburgunder Sauvignon Blanc, Riesling Sauvignon Blanc Chardonnay, Grauburgunder, Riesling Spätlese Süßweine, Weine aus warmen Klimazonen
	Vegetabil	Paprika, Stachelbeere, Gras	Sauvignon Blanc
	Gewürze	Pfeffer	Grüner Veltliner
	Nussig	Haselnüsse	Champagner, weißer Burgunder
	Mineralisch	Schiefer Feuerstein	Riesling Chablis, Pouilly-Fumé, Chasselas
	Süß	Honig Butter Vanille	Edelsüße Weine Chardonnay Im Holzfass ausgebaute Weine
	Geröstet	Toastbrot	Champagner
Rotwein	Blumig	Rose Veilchen	Nebbiolo, Barbera, Montepulciano d'Abruzzo Sangiovese, Syrah, Cabernet aus Frankreich
	Fruchtig	Schwarze Früchte (Kirschen, Pflaumen) Rote Beeren (Erdbeeren, Himbeeren) Schwarze Beeren (Cassis) Banane	Merlot, Pinot Noir, Syrah Pinot Noir, Tempranillo Cabernet Sauvignon Beaujolais primeur
	Kräuter	Vegetabil (Gras, Paprika, Minze) Mediterran (Thymian, Rosmarin, Salbei)	Cabernet Sauvignon, Cabernet Franc Weine aus dem Languedoc und aus Sizilien
	Erdig	Laub, Wald, Pilze Teer	Reife Weine, Pinot Noir, Nebbiolo, Merlot Nebbiolo, Syrah, Tannat (Madiran)
	Gewürze	Vanille Lakritze Pfeffer Schokolade	In Eichenholz ausgebaute Weine Syrah, Merlot, Sangiovese Syrah Bordeaux, Nebbiolo
	Animalisch	Leder Wild	Syrah Rhône-Weine

Der Geschmack des Weins

Was wir alles herausschmecken können, wenn wir Wein bewusst trinken

Im Vergleich zur Nase ist die Zunge ziemlich dumm. Die Nase kann mehrere tausend verschiedene Düfte unterscheiden, die Zunge gerade mal vier »Geschmäcker«: süß, salzig, sauer, bitter. Mit der Zunge treten wir aber körperlich mit dem Wein in Kontakt, wir entdecken, wie er sich anfühlt – leicht und tänzerisch oder voll und schwer, eckig und rau oder rund und glatt. Er kann die Zunge fast messerscharf treffen oder sie weich umspülen, er kann den Mund reinigen oder nachhaltig füllen: Wir fühlen das Gewicht und die Struktur des Weins, seinen so genannten Körper (→ unten und S. 153).

Geschmacks- und Tastempfindungen

Geschmacksempfindungen	Tastempfindungen
Süße: Ganz durchgegorene Weine nennt man knochentrocken. Meist enthält der Wein dennoch eine kleine Menge Restzucker, die ein Gleichgewicht zur Säure bildet. Wir empfinden den Wein dann immer noch als trocken, aber auch als rund und harmonisch. Auch bei lieblichen und süßen Weinen entsteht die Harmonie des Gesamtbilds immer durch das Zusammenspiel von Süße und Säure.	**Tannin (Gerbstoff):** Tannin zieht die Mundschleimhäute zusammen und macht den Mund pelzig und trocken. Es ist das wichtigste Konservierungsmittel für alterungsfähige Weine. In jungen Rotweinen kann es sehr präsent sein, mit der Zeit zerfällt es aber, und der reife Wein betritt die Bühne – wie hinter einem Tanninvorhang hervor. Die Qualität des Tannins wird oft mit Stoffen verglichen. Es kann seidig sein, samten, feinkörnig, grobkörnig oder einfach rau. »Grüne« Tannine stammen aus unreifem Traubengut oder aus den Stielen. Sie bleiben immer grün und bitter.
Säure: Wenn Sie an einen knackigen Apfel denken, fühlen Sie am hinteren Zungenrand und an den Wangenschleimhäuten ein Ziehen, gleichzeitig wird ihr Mund wässrig. So macht sich die Säure bemerkbar. Sie gibt dem Wein Frische und Rückgrat. Fehlt sie, wirkt der Wein flach und langweilig.	**Viskosität/Kohlensäure:** Wein kann sich leicht anfühlen wie Wasser; wenn etwas Kohlensäure darin gelöst ist, sogar noch leichter. Man erkennt das am so genannten Stern, der sich auf der Weinoberfläche bildet. Er kann aber auch ölig sein und schwer.
Bitterkeit: Eine leichte Bitterkeit ist im Abgang vieler Rotweine zu entdecken. Sie stammt von den Tanninen (→ rechts und S. 153) und kann durchaus angenehm sein. Tritt sie jedoch zu stark hervor, ist der Wein fehlerhaft (die Trauben waren unreif).	**Körper:** Den Gesamteindruck von Alkohol- und Extraktgehalt (→ S. 153) eines Weins vergleicht man gern mit einem menschlichen Körper: mager, dünn, schlank, rund, muskulös, fett, fleischig.

Die Qualität des Weins

Wie sie sein soll und was nicht vorkommen sollte

Was sind Weinfehler?

Einen fehlerhaften **Korken** erkennt man am Geruch. Er riecht schimmelig oder muffig. Ein ähnlicher Geschmack hat sich dann meist auch auf den Wein übertragen. Wer sich nicht ganz sicher ist: etwas Mineralwasser in den Wein gießen, das verstärkt den Geruch.

Einen Wein mit Korkgeschmack sollten Sie in jedem Fall wegschütten, er ist auch zum Kochen ungeeignet.

Strömt Ihnen nach dem Öffnen ein **Essigstich** in die Nase, sollten Sie diesen Wein ebenfalls nicht mehr trinken. Aus ihm lässt sich allerdings Essig machen.

Riecht ein Wein nach faulen Eiern, Schwefel oder gekochtem Kohl, nennt man das **Böckser**. Versuchen Sie es mit Lüften oder Dekantieren (→ S. 19).

Was ist ein guter Wein?

Ein guter Wein ist nicht einfach die Summe möglichst vieler guter Eigenschaften, dann wäre er so langweilig wie der Streber in der Klasse. Ein guter Wein setzt Akzente. Er erlaubt sich Eigenheiten, darf durchaus auch Ecken und Kanten besitzen und beweist dadurch Charakter. Deshalb muss und kann ein guter Wein nicht jedem gleich gut schmecken. Ein guter Wein ist immer auch ein guter Geschichtenerzähler. Er berichtet von seinem Weinberg und von dessen Umgebung. Er weiß vom Wetter seines Geburtsjahres zu erzählen und informiert, wie es ihm im Keller seines Winzers ergangen ist. Niemals würde er alles ausplaudern, vielmehr wird er Spannung aufbauen und über Jahre hinweg geheimnisvoll, überraschend und begehrenswert bleiben.

Wein und Essen

Welche Gerichte und Weine besonders gut zusammenpassen

Wein ist, von wenigen Ausnahmen abgesehen, als Begleiter der Mahlzeiten entstanden, und in dieser Rolle erfüllt er auch seine vornehmste Aufgabe. Er verschönert das Essen, rückt die einzelnen Gerichte ins rechte Licht und macht sie gut verträglich.
Jeder Wein ist zutiefst mit der Kultur und dadurch mit den typischen Gerichten und Gewürzen seiner Heimat verbunden. Mit ihnen zusammen entfaltet er seine Persönlichkeit besonders schön. Aber wie bei Menschen auch gibt es beim Wein Anziehungskräfte, die weit über die engen Grenzen hinaus oft zu ganz besonders glücklichen Ehen führen können. Manchmal ist die Spannung der Gegensätze reizvoller als die einfache Steigerung der Ähnlichkeiten.

Wie aus allem kann man auch aus dem Thema »Wein und Essen« eine Wissenschaft machen, die jede spielerische Kreativität erschlägt. Willkürliches Improvisieren führt allerdings auch nicht immer zu einem positiven Erlebnis. Deshalb hier einige einfache Regeln:

Intensität und Stil: Ein körperreicher (→ S. 30) intensiver Wein (rot oder weiß) passt zu einem gehaltvollen, ein schlanker Wein zu einem leichteren Essen. Ein feiner, vornehmer Wein passt zu edlen Speisen, während ein robuster Wein auch nach einem rustikalen, herzhaften Gericht verlangt.
Helles Fleisch: Leichte fruchtig-traubige Rotweine ohne viel Tannin (→ S. 30, 153) und Körper (→ S. 30) harmonieren gut mit den zarten Aromen von Geflügel und Kalbfleisch.
Kurz gebratenes und gegrilltes Fleisch: Das Tannin (→ S. 30, 153) eines jungen Rotweins und kräftiger Bratensaft ergänzen sich ideal.
Schmorgerichte: Es gibt eine tiefe Verwandtschaft zwischen der langen Zubereitungszeit eines Gerichts und der langen Reifezeit des Weins. Ebenso helfen die Tannine (→ S. 30, 153) mit, diese Speisen bekömmlicher zu machen. Ein reifer Barolo (→ S. 104) oder Brunello (→ S. 105) harmoniert daher perfekt mit einem Brasato (Schmorbraten).
Wild: Mit seinem intensiv herbstlichen und leicht süßen Geschmack braucht Wild kräftige Partner: dunkle fruchtbetonte Rotweine aus der Neuen Welt oder reife Weine aus Burgund, Bordeaux oder dem Rhône-Tal.
Gedämpfter Fisch: Ein leichter, frischer und nicht allzu säurebetonter Weißwein passt gut zum Salz des Fischs. Auch die Zitrone, mit der Fisch meist gewürzt wird, verlangt einen Wein der nicht zu viel Säure (→ S. 30) enthält. Das Tannin (→ S. 30, 153) des Rotweins passt weder zu Salz noch zu Säure. Eventuell kann man einen trockenen, fruchtigen, tanninarmen Rosé zum Fisch servieren.

Gebratener und gegrillter Fisch: Der intensivere Geschmack und die Röststoffe vertragen kräftige, eventuell im Holzfass ausgebaute Weißweine. Auch ein nicht allzu tanninreicher Rotwein kann dazu schmecken. Aber Vorsicht: Tannin (→ S. 30) und Säure (→ S. 30) vertragen sich schlecht.

Asiatische Küche: Zu den intensiven Gewürzen und der Schärfe asiatischer Gerichte passt die Frische und Intensität eines aromatischen Weißweins am besten: Muskateller, Gewürztraminer (→ S. 51), Sauvignon Blanc (→ S. 68) oder halbtrockener Riesling (→ S. 74).

Käse: Zu Hartkäse passt ein gehaltvoller Weißwein ebenso gut wie ein samtener, nicht zu tanninreicher Rotwein, besonders ein Pinot Noir (→ S. 91) oder auch ein Amarone (→ S. 99). Für Weichkäse gilt das Gleiche, die Weine sollten aber etwas leichter sein (auch ein Beaujolais passt gut zu Weichkäse). Zu Ziegenkäse sind trocken-fruchtige Weißweine ideal (aber: wenn der Käse säuerlich ist, sollte der Wein nicht auch noch säurebetont sein). Zu Blauschimmelkäse ist alles außer einem Süßwein (→ S. 45, 115, 116) ein Sakrileg.

Desserts: Mit der Süße der Nachspeise betritt ein Menü geschmacklich noch einmal Neuland, auch beim Wein ist daher ein Wechsel angesagt. Zur Säure von Früchten passt ein säurereicher Riesling (→ S. 115), zu würzigen Desserts mit Nelken oder Anis ein Gewürztraminer (→ S. 51) und zu Eis die Wärme des Alkohols von Portwein (→ S. 117).

Teil 2

In 13 Weinproben 52 Mal Riechen, Schmecken, Genießen

Wegweiser durch die Weinproben

Und jetzt fangen wir gleich an

Dieses Buch ist für Individualtouristen geschrieben, die mit einigen Freunden (oder auch einmal allein) und auf eigene Faust das Universum des Weins bereisen und erforschen wollen.
Es ist ein Begleiter auf der Entdeckungsreise durch die vier Kontinente dieses Universums: den Rotwein-, den Weißwein-, den Schaumwein- und den Süßweinkontinent. Diese Kontinente unterscheiden sich in Größe, Vielfalt der Landschaften und der Bewohner, durch ihre Geschichte und vieles mehr. Wir werden jeden besuchen und erforschen. Die Reiseroute aber bestimmen Sie ganz allein. Dabei können Sie sehr systematisch vorgehen und Kontinent um Kontinent bereisen oder aber hin und her hüpfen, sich Ihre Lieblingsecken aussuchen und von dort aus Ausflüge in die Umgebung machen. Wie gesagt, dieses Buch ist für den Individualtouristen gemacht.

Das Prinzip ist ganz einfach

Wir gehen immer vom Wein aus. Sie suchen sich ein paar gleichgesinnte Freunde und Freundinnen und kaufen sich vier verschiedene Weine (wir sagen Ihnen welche), Sie verkosten sie (wir sagen Ihnen wie) und nach »getanem« Vergnügen beschließen Sie den Abend mit einem Essen (wir sagen Ihnen was) und trinken dabei die verkosteten Flaschen leer.

Sie suchen sich ein paar Freunde

Ideal sind etwa vier bis acht – alles Weinliebhaber wie Sie, die ihre Weinkenntnisse erweitern oder vertiefen möchten. Wenn die Gruppe gemischt ist zwischen »Fortgeschrittenen« und »Anfängern«, macht das gar nichts, im Gegenteil, die »Anfänger« profitieren vom Wissen der »Fortgeschrittenen« und diese von der Unbefangenheit und dem frischen Aufnahmevermögen der »Anfänger«.

Kaufen Sie sich vier verschiedene Weine

Bei jeder Verkostungsrunde finden Sie Vorschläge für die Weinauswahl. Und erhalten dort alle notwendigen Angaben zu den Weinen und deren Qualität.

Ob Sie eine oder zwei Flaschen von jedem Wein bereitstellen, hängt natürlich von der Anzahl und dem Durst ihrer Gäste ab. Für die Verkostung reicht etwa ein halber Deziliter (50 ml) pro Person und Wein. Für das Abendessen danach sollten Sie noch mindestens eine halbe Flasche pro Person übrig haben.

Konkret bedeutet das: für vier Personen reicht eine Flasche pro Wein, bei sechs wohl meistens auch noch, bei acht sollten Sie aber auch bei zurückhaltenden Gästen doch noch die eine oder andere Flasche als Nachschub bereithalten.

Sie verkosten die Weine

Zusammen mit Ihren Freunden probieren Sie die Weine. Beim entsprechenden Kapitel finden Sie alle Angaben zu Trinktemperatur, Herkunft, Traubensorte und Charakter des Weins, ferner auf welche Art von Aromen und anderen Sinneseindrücken Sie besonders achten sollten.

Für die Verkostung wäre es ideal, wenn jeder Teilnehmer für jeden Wein ein separates Glas vor sich stehen hat. Der Vergleich der Weine fällt dann wesentlich leichter. Falls Sie nicht selbst über genügend Gläser verfügen, hilft vielleicht einer Ihrer Gäste aus.

Etwas Weißbrot oder ein paar Cracker und ein Krug Wasser aus dem Hahn helfen, zwischendurch die angespannten Geschmacksnerven zu beruhigen.

Am besten folgen Sie bei den Verkostungsrunden der Reihenfolge der Weine, wie sie im Buch vorgegeben ist: leichtere Weine vor schwereren, zurückhaltendere vor aromatischeren, trockenere vor süßeren, jüngere vor älteren.

Sie beschließen den Abend mit einem Essen

Beim geselligen Abschluss des Abends erfahren Sie den Wein in seiner vornehmsten Rolle: als Begleiter beim Essen. Wir geben Ihnen Hinweise, welche Speisen zu den verkosteten Weinen passen, aber lassen Sie auch Ihre eigenen Ideen spielen.

Und nochmals:

Dieses Buch macht Ihnen nur Vorschläge, fühlen Sie sich frei, Ihre eigenen Wege zu wählen, Ihrer Neugierde oder Ihren Vorlieben zu folgen und aus den beschriebenen Weinen selbst eine Auswahl zusammenzustellen.

Preisklassen:

1	Bis 10 €
2	10 – 15 €
3	15 – 20 €
4	20 – 25 €
5	25 – 30 €
6	Über 30 €

Alle 13 Weinproben

Vier leichte Weißweine (S. 52)
- Schweizer Chasselas
- Riesling Kabinett trocken
- Sancerre
- Albariño

Vier mittelschwere Weißweine (S. 59)
- Silvaner Franken
- Grauburgunder Baden
- Chablis
- Soave Classico

DIE VIER WEIN-FAMILIEN (S. 40)

VIER WEISSWEINSTILE (S. 46)
- Pinot Blanc
- Grüner Veltliner
- Chardonnay Kalifornien
- Gewürztraminer trocken

Vier schwere trockene Weißweine (S. 64)
- Viognier Rhône-Tal
- Marsanne (Roussanne)
- Sauvignon Blanc Neuseeland
- Chardonnay Australien

Vier aromatische & liebliche Weißweine (S. 70)
- Verdicchio dei Castelli di Jesi
- Muscat Sec Elsass
- Riesling Spätlese lieblich
- Scheurebe Spätlese Pfalz

VIER SCHAUMWEINSTILE (S. 106)
- Prosecco di Valdobbiadene
- Cava
- Winzersekt Riesling Pfalz
- Moscato d'Asti

Zu allen diesen Weinen führt Sie dieses Buch. Wo Sie beginnen wollen, sagt Ihnen Ihre Neugierde und ebenso, wie Sie weitermachen. Am meisten lernen Sie wohl, wenn Sie

auf einen Blick

Schaumwein:
Champagner
Weißwein:
Riesling Spätlese trocken
Rotwein:
Bordeaux Médoc
Aperitif-und Dessertwein:
Sauternes

Vier leichte Rotweine (S. 82)
- Bandol Rosé
- Beaujolais-Villages
- Lemberger Württemberg
- Valpolicella Superiore

Vier mittelschwere Rotweine (S. 88)
- Spätburgunder Baden
- Côte de Beaune
- Chianti Classico
- Coteaux du Languedoc

VIER ROTWEINSTILE (S. 76)
- Bardolino Classico Superiore
- Merlot del Friauli
- Cabernet Sauvignon
- St-Emilion Grand Cru

Vier schwere Rotweine (S. 94)
- Châteauneuf-du-Pape
- Zinfandel Kalifornien
- Shiraz Australien
- Amarone della Valpolicella

Vier reife, schwere Rotweine (S. 100)
- Nuits-Saint-Georges
- Rioja Reserva
- Barolo
- Brunello di Montalcino

VIER APERITIF- UND DESSERTWEINSTILE (S. 112)
- Sherry Fino
- Riesling Auslese Mosel
- Moscato Passito di Pantelleria
- Late Bottled Vintage Port

jeweils eine ganze Runde von vier Weinen verkosten. Aber niemand hindert Sie daran, Ihren eigenen Weg zu suchen und eigene Kombinationen auszuprobieren.

Die vier Weinfamilien

Urbilder und Vorbilder

Schaumwein: Champagner
Weißwein: Riesling Spätlese trocken
Rotwein: Bordeaux Médoc
Süßwein: Sauternes

Hier geht es um die großen Weinklassiker der Welt. Unabhängig davon, ob man in Europa oder in der Neuen Welt Wein produziert, an ihnen orientiert sich jeder, der die Weinbühne betritt und mitreden will. Sie sind und bleiben eine Art önologischer Urmeter. Um das eigene Gefühl für Qualität zu entwickeln, ist es sicher sinnvoll, vielleicht sogar notwendig, gelegentlich zu diesen Weinen zurückzukehren.

Spritzigkeit und Eleganz: die Schaumweinfamilie

Die Geschenke der Natur und die Leichtigkeit der Kunst verbinden sich im Schaumwein. Er ist ebenso Natur- wie Kunstprodukt. Alle Vorzüge der Weißweintrauben, beim Champagner auch der Rotweintrauben, werden durch die Eleganz der Perlen gesteigert und zur Vollendung gebracht. Der eleganteste Wein dieser Art stammt aus der Champagne.

Frische und Frucht: die Weißweinfamilie

Weißwein braucht die Sonne und das Licht langer Tage, aber auch Kühle. Die Sonne schenkt den Beeren Frucht und Aroma, die Kühle hingegen erhält ihnen die frische Säure. Intensive, oft fast süße Frucht mit klarer Frische in Harmonie zu bringen ist das Ziel bei der Weißweinherstellung. Die ideale Traube am idealen Ort: der Rheingauer Riesling.

Wärme und Samt: die Rotweinfamilie

Rotwein braucht die Wärme und Sonne des Südens. Beide färben die Haut der Beeren blauschwarz und lassen das Tannin und die Aromen darin reifen, die sich nach der Ernte im Keller und im Fass zu samtener Wärme verbinden. Die gelungene Hochzeit von Merlot und Cabernet schenkt dem Wein dieser Weinprobe tiefe Farbe, intensive Frucht und edles Tannin. Auf dem Boden mit optimalem Klima des Médoc entsteht das Urbild aller Rotweine: der Bordeaux.

Süße und Fülle: die Aperitif- und Dessertweinfamilie

Alles, was in der Traube steckt, wird bei den Aperitif- und Dessertweinen zu wundervoller Intensität konzentriert: Aroma, Süße, Alkohol. Mit keinem anderen Verfahren erreicht man eine auch nur ähnliche Fülle wie mit der Edelfäule, die sich nur in ganz bestimmten Landschaften mit sonnendurchfluteten Herbstnebeln bilden kann. Ein kleiner Fluss und die über Jahrhunderte entwickelte Traubenkombination schaffen das Wunder von Sauternes.

Und was kommt auf den Teller?

Es wäre eine Sünde, würde man diese Verkostung nicht mit einem edlen Essen abschließen. Jeder Wein findet seinen Platz in der harmonischen Abfolge der Gänge: der Champagner stimuliert Gespräch und Appetit, der Riesling begleitet den ersten, der Bordeaux den zweiten Gang, und der Sauternes rundet den kulinarischen Teil des Abends ab.

Aperitif

Champagner und Riesling:
Vielleicht leisten Sie sich etwas Kaviar oder einige Austern; Gänseleberterrine oder Blätterteiggebäck passen ebenfalls wunderbar.
Riesling:
Geräucherter Lachs, marinierter Fisch

Erster Gang

Champagner:
Fisch oder Krustentiere mit einer feinen Sauce
Riesling:
Süßwasserfisch in Riesling-Sahne, aber auch gedämpft und gebraten.

Hauptgang

Bordeaux:
Gegrilltes oder gebratenes Rind (Tournedos, Entrecôte), Schmorgerichte, Lamm, Wild (Hirschkeule oder Rehrücken), gebratene Gans

Käse

Sauternes:
Roquefort und Sauternes gehören zusammen zu den großen Klassikern

Und wenn niemand kochen will?

Champagner, Riesling:
Austern passen zu beiden Weinen hervorragend, ebenso geräucherte Fische oder Fischterrinen, eventuell mit einer Dillsauce
Bordeaux:
Kalter Braten (Roastbeef) oder geräucherte Entenbrust
Sauternes:
Roquefort und eventuell eine knusprige Apfeltarte

Champagner Brut

(HERKUNFT → S. 144, REBSORTEN → S. 130, 135)

DER WEIN

Champagner ist nicht nur ein Wein, er vergoldet jedes Fest mit seinem Glanz, prickelt auf der Zunge und im Kopf und nicht selten bis hinein in alle Poren. Jedes Champagnerhaus hat in seiner Tradition einen charakteristischen eigenen Stil entwickelt, dem es über Jahre hinweg möglichst treu bleibt. Verantwortlich dafür ist der Kellermeister oder Önologe. Er stellt jedes Jahr aus den Weinen der verschiedenen Lagen, Traubensorten und zum Teil auch aus Weinvorräten älterer Jahrgänge die so genannte Assemblage (→ S. 152) zusammen. Jenseits von önologischer Technik verlangt diese Arbeit ein Höchstmaß an Degustationskunst, Erfahrung und Stilwillen.

Rüttelpult in der Champagne. Der Hefetrub sammelt sich durch Rütteln im Hals der Flaschen

DIE VORBEREITUNG

Einkaufen: Champagner gibt es in vielen Stilen. Für unsere Weinprobe ist ein einfacher Champagner ohne Jahrgang aus einem der großen Champagnerhäuser am besten geeignet. Er sollte zudem »brut«, also trocken sein.
Bezugsquelle: Supermarkt, Weinhandel
Preisklasse: 5–6
Alter: Einfache Champagner gewinnen nicht durch Lagerung
Temperatur: 8–10 °C

Frankreich: Champagne

DIE VERKOSTUNG

Farbe: Helles Gold, gleichmäßig ruhige feine Perlage (also ein schöner, feiner Strom von Perlen)
Duft: Frucht (Zitrusfrüchte, Apfel, Aprikose, Pfirsich), weiße Blüten, Haselnüsse, Butter, Toast
Geschmack: Frische elegante Säure, die nicht aggressiv wirkt, sondern sich im Mund mit den Perlen zu einem seidigen Gefühl verbindet.
Struktur, Charakter: Champagner auch in der einfachen Form ist immer vielschichtig: komplexe Aromen verbinden sich mit dem Schmelz zu Finesse und Eleganz.

Bei Verzenay auf der Montagne de Reims steht die letzte erhaltene Windmühle der Champagne

CHAMPAGNERTYPEN

Jahrgangschampagner wird nur in den besten Jahren (drei- bis viermal pro Jahrzehnt) aus den besten Trauben gekeltert, er ist lange lagerfähig und entsprechend teuer. Roséchampagner entsteht durch Mischen von roten und weißen Grundweinen. Blanc de Blancs wird ausschließlich aus weißen (Chardonnay-)Trauben hergestellt (→ S. 126), Blanc de Noir nur aus roten. »Extra brut« ist knochentrocken, »brut« trocken, »demi-sec« halbtrocken und »doux« süß.

Riesling Spätlese trocken
Rheingau

(HERKUNFT → S. 138, REBSORTE → S. 134)

DER WEIN

Im Rheingau ist die deutsche Riesling-Kultur entstanden. Hier paarte sich der einmalige Charakter der aristokratischsten aller weißen Rebsorten mit einer gesegneten Landschaft und dem hohen Qualitätsanspruch der adligen Weingüter und Klöster. Sollte einem einzigen Weißwein die Ehre zufallen, die ganze Familie der Weißweine zu repräsentieren, kann es eigentlich nur ein Rheingauer Riesling sein. Er ist komplett und vollkommen: leicht und duftig, säurereich und fruchtig, tiefgründig und vielschichtig, elegant und edel.

Seit dem Jahr 2000 werden die besten Lagen im Rheingau als »Erstes Gewächs« ausgezeichnet

DIE VORBEREITUNG

Einkaufen: Lassen Sie sich beraten. Sicher gehen Sie, wenn Sie den Wein eines Charta-Weinguts (s. unten) auswählen.
Bezugsquelle: Winzer, Weinhandel
Preisklasse: 3–4
Alter: mindestens 3–4 Jahre
Temperatur: 8–10 °C

Deutschland: Rheingau

DIE VERKOSTUNG

Farbe: Sehr helles Gold mit grünlichem Schimmer
Duft: Intensive Frucht (Äpfel, Pfirsiche), honigwürzig, erdig-mineralisch
Geschmack: Die elegantesten Weine besitzen, selbst wenn sie trocken sind, immer eine diskrete Restsüße (→ S. 30, 154), die den festen Säurekern ausgleicht. Sehr langer Abgang (→ S. 24, 152).
Struktur, Charakter: Kraftvoll und intensiv und voller als die Weine von der Mosel, aber trotz einem Alkoholgehalt von bis zu 12 % niemals schwer, sondern elegant und subtil. Der Zauber dieser Weine liegt in der inneren Harmonie aller Komponenten.

CHARTA-WEINGÜTER

Sie sind ein Zusammenschluss von etwa fünfzig Rheingauer Weingütern, die ihre Riesling-Weine einer strengen Geschmacksprüfung unterwerfen (rund 20 % der eingereichten Weine fallen durch). Die Weine müssen ferner ein Mostgewicht (→ S. 154) besitzen, das über den gesetzlichen Werten liegt, und eine klare Säure aufweisen. Die Weine bewegen sich meist im oberen Bereich der Restsüße (→ S. 30, 154) bei trockenen Weinen. Charta-Weine sind an einem der Flasche aufgeprägten romanischen Doppelbogen erkennbar.

Schloss Johannisberg, das älteste und berühmteste Weingut des Rheingaus

Das herb-aromatische Aroma der schwarzen Johannisbeeren ist typisch für Cabernet Sauvignon

Frankreich: Bordeaux

Der Turm von Château Latour steht mitten im Rebenmeer vor der Mündung der Gironde

Bordeaux Médoc

Cru Bourgeois

(HERKUNFT → S. 146, REBSORTEN → S. 128, 129, 132)

DER WEIN

Das Médoc liegt auf einer »Halbinsel« zwischen dem Atlantik und der Gironde. Der Untergrund, auf dem heute die Reben stehen, wurde von den Gletschern der Eiszeit und den Flüssen hier abgelagert und besteht aus wasserdurchlässigem Kies und Sand. Die Rebe ist gezwungen, ihre Wurzeln auf der Suche nach Wasser in große Tiefen abzusenken und dadurch diesen einmaligen Schatz an Mineralstoffen in sich aufzunehmen. Die Weine der drei Rebsorten (Cabernet Sauvignon, Merlot und Cabernet Franc) werden separat gekeltert und erst im Frühjahr nach der Ernte zu einer von Jahr zu Jahr neu definierten Assemblage (→ S. 152) zusammengeführt. Im Médoc liegen die Châteaux mit den klingendsten Namen (Margaux, Latour, Mouton Rothschild usw).

DIE VORBEREITUNG

Einkaufen: Lassen Sie sich von einem guten Weinhändler beraten.
Bezugsquelle: Weinhandel
Preisklasse: 2
Alter: mindestens 4 Jahre
Temperatur: 16–18 °C

DIE VERKOSTUNG

Farbe: Tiefes dunkles Rubinrot, in der Jugend mit violetten Anklängen
Duft: Reife rote Früchte (auch gekochte und getrocknete), Cassis, Graphit, Schokolade, Gewürze, Lakritze, Vanille und Toast
Geschmack: Runder und warmer Eindruck. Das Tannin (→ S. 30) aus Trauben und Fass ist bei jüngeren Weinen sehr präsent und verleiht ihnen einen etwas strengen Charakter, sollte aber nicht hart und rau, sondern fein und geschmeidig sein. Schöne Länge im Abgang (→ S. 24).
Struktur, Charakter: Zarte, duftige Frucht, erfrischende lebendige Säure, voller Körper und feines Tannin verweben sich bei einem guten Médoc zu einem vornehmen Gesamteindruck.

KLASSIFIKATION IM MÉDOC

Die Klassifikation der Weingüter im Médoc stammt aus dem Jahr 1855. Seither begannen im Schatten der großen klassifizierten Châteaux am Weinhimmel neue Sterne zu funkeln. Im Jahr 1932 wurde deshalb im Médoc eine neue Kategorie geschaffen, die »Crus bourgeois«. Ihre Qualität ist recht unterschiedlich, die besten Weine dieser Klasse können sich aber ohne weiteres mit der »Oberliga« messen.

Sauternes

(HERKUNFT → S. 146)

DER WEIN

Ganz im Süden des Bordeaux-Gebiets liegen Sauternes und Barsac, die Heimat des berühmtesten Süßweins Frankreichs. Das kalte Wasser des Flüsschens Ciron durchquert dieses Gebiet und hüllt es im Herbst in Abendnebel. Wenn die Sonne am folgenden Tag diese Herbstnebel durchflutet, entsteht ein Mikroklima, in dem sich auf den reifen Trauben ein Schimmelpilz wunderbar vermehrt, die vielgepriesene Edelfäule oder Botrytis cinerea (→ S. 152). Da der Befall mit Edelfäule nur selten gleichzeitig erfolgt, sind mehrere Lesedurchgänge (bis zu zwölf) notwendig. Drei Rebsorten tragen ihre verschiedenen Eigenschaften zum Wein bei: Sémillon (70–80%) die Anfälligkeit für Botrytis, Sauvignon Blanc (20–30%) die Säure und Muscadelle den Duft.

DIE VORBEREITUNG

Einkaufen: Obwohl Sie mit einem Premier oder Deuxième Cru (→ S. 146) auf der sicheren Seite sind, kann Ihnen der Weinhändler vielleicht eine weniger hoch dekorierte, aber ebenso gute Alternative empfehlen.
Bezugsquelle: Weinhandel
Preisklasse: 6
Alter: Mindestens 3–4 Jahre nach der Ernte. Sauternes sind unsterblich.
Temperatur: 10–12 °C

DIE VERKOSTUNG

Farbe: Reifes, leuchtendes Altgold
Duft: Zitrusfrüchte, vor allem Orangen (auch kandiert), Aprikosen, Äpfel, Lindenblüten, Mandeln, Gewürze (Zimt, Vanille), Honigsüße und Bienenwachs. Dazu tritt der ganz spezifische Duft der Botrytis: er ist fein, zart und wie geröstet.
Geschmack: Botrytisweine haben immer einen hohen Glyceringehalt, das macht sie fett und ölig. Die Süße kann variieren, ist aber immer relativ hoch und braucht daher als Gegengewicht eine saftige und schmelzende Säure. Man kann auch das Tannin (→ S. 30, 153) der Trauben und der Fässer fühlen, es ist weich und seidig.
Struktur, Charakter: Sauternes sind majestätische Weine, die Adel und Größe ausstrahlen.

SUPERKLASSE

Die Klassifikation von 1855 hat neben den Kategorien Premier und Deuxième Cru noch eine Superklasse geschaffen, nämlich Premier Cru Supérieur, um dem außerordentlichen Rang (und Mythos) von Château d'Yquem gerecht zu werden.

Sémillon-Traube mit Edelfäule

Frankreich: Bordeaux

Unsterblicher Sauternes: Ein ganzes Jahrhundert umfasst diese Sammlung Château d'Yquem

Die vier Weißweinstile

Von zarten Blumen bis zu fetten Mangos

Pinot Blanc
Grüner Veltliner
Chardonnay Kalifornien
Gewürztraminer trocken

Wer den Kontinent der Weißweine durchstreift, bewegt sich in einem Labyrinth von Haupt- und Nebenwegen. Diese Weinprobe kann keine ganze Landkarte sein, die Sie durch dieses Labyrinth hindurchführt, sie möchte Ihnen vielmehr eine Art Kompass an die Hand geben, der Ihnen die vier Himmelsrichtungen in der Welt des Weißweins zeigt.

Leichte Weißweine (Pinot Blanc):
Diese Weine sind trocken, leicht und spritzig. Ihr Charme liegt in ihrer Jugend und Frische. Sie sind ideal als Aperitif und zu einer einfachen Mahlzeit. Gemeinsam ist ihnen allen eine belebende Säure, in ihren Düften sind sie eher zurückhaltend, erfreuen uns aber mit einer blumigen Art. Sie werden jung getrunken.

Mittelschwere Weißweine (Grüner Veltliner):
Lebendige frische Frucht und ein etwas kräftigerer Körper (→ S. 30) zeichnen diese Weine aus. Sie verdienen schon mehr Aufmerksamkeit, da sie Charakter und Persönlichkeit besitzen. Mittelschwere Weißweine gibt es vor allem in Europa.

Schwere trockene Weißweine (Chardonnay):
Warm, weich und mundfüllend ist diese Stilrichtung. Der Chardonnay ist ihre Leitfigur: Der vollmundige Geschmack reifer exotischer Früchte, gepaart mit einer erfrischenden, weichen Säure und der warmen Süße des Alkohols. Durch die Bereicherung von frischem Eichenholz entstehen die komplexesten Weißweine überhaupt.

Aromatische und liebliche Weißweine (Gewürztraminer trocken):
Unabhängig davon, ob sie trocken oder lieblich sind, die Weine dieser Familie sind so aromatisch und blumig, dass sie immer leicht süß wirken. Ihr Aroma bekommen sie aus der primären Frucht der Trauben (→ S. 28), es ist auch für Nichtprofis leicht wiederzuerkennen.

Und was kommt auf den Teller?

Die Weine dieser Verkostungsrunde können ein ganzes Menü begleiten, durch die kulinarische Abrundung erschließen sich die Stilunterschiede der verschiedenen Weine besonders augenfällig.

Aperitif

Pinot Blanc: Er eignet sich als Aperitif mit etwas Knabbergebäck besonders gut.

Vorspeisen

Hier klinkt sich der **Pinot** vielleicht schon aus, man kann ihn aber auch mit einer Gemüseterrine oder Gemüse mit Dips kombinieren.
Grüner Veltliner: gebratener und gedämpfter Fisch mit Kräuter- oder Buttersaucen, aber auch Risotto, Pasta und Eierspeisen.

Hauptgang

Grüner Veltliner: gebratenes oder gekochtes Kalb- und Rindfleisch mit Meerrettich. Auch Geflügel (Backhendl) und Innereien (besonders gebratene Leber) passen gut. Zum Hauptgang schmeckt auch der **Chardonnay**, so dass ein interessanter Vergleich möglich ist.

Käse

Gewürztraminer: Münster mit Kümmel, Epoisses
Chardonnay: Weichkäse (Brie), Bergkäse (Gruyère)

Dessert

Gewürztraminer: Gugelhupf, Apfel- oder Aprikosentarte

Und wenn niemand kochen will?

Gemüseflan und -terrinen, kaltes Huhn, Scheiben von kaltem Rinderbraten. Käse und Dessert wie oben.

Pinot Blanc

Elsass

(HERKUNFT → S. 144)

DER WEIN

Diese weiße Variante des Pinot Noir (→ S. 130) wurde erstmals 1895 in Chassagne-Montrachet im Herzen Burgunds entdeckt. Unser Wein stammt also aus einer höchst vornehmen Familie, spielt aber die Rolle des Bruder Leichtfuß, der zwar durchaus Sympathie genießt, aber von niemandem so richtig für voll genommen wird. Oft wird er im Elsass mit der verwandten Rebsorte Auxerrois verschnitten (→ S. 154), ohne dass das auf dem Etikett sichtbar wird.
Der alte elsässische Name für Pinot Blanc lautet Klevner.

Die frischen natürlichen Düfte einer Blumenwiese kann man im Elsässer Pinot Blanc entdecken

DIE VORBEREITUNG

Einkaufen: Pinot Blanc gibt es nur als »Alsace AOC«. In den Grands Crus ist er nicht zugelassen.
Bezugsquelle: Weinhandel, Supermarkt (mit Vorsicht)
Preisklasse: 1
Alter: 1–2 Jahre nach der Ernte
Temperatur: 6–8 °C

DIE VERKOSTUNG

Farbe: Sehr blasses Gold
Duft: Zurückhaltend mit delikaten Aromen von Wiesenblumen, Äpfeln, Aprikosen und Pfirsich. In den körperreicheren Versionen auch Birnen und Honig.
Geschmack: Eine zarte Säure ergänzt die Aromen mit milder Frische
Struktur, Charakter: Rund, glatt und geschmeidig, dabei erstaunlich körperreich (→ S. 30, 153)

Frankreich: Elsass

ERFRISCHUNG UND GESELLIGKEIT

Der Pinot Blanc ist der typische erfrischende Wein der elsässischen »Winstub«, wo er offen ausgeschenkt wird und unaufdringlich das Gespräch begleitet.

In der Elsässer Winstub fühlt sich der Pinot Blanc wie zu Hause

Grüner Veltliner

(HERKUNFT → S. 140, REBSORTE → S. 136)

DER WEIN

Der Grüne Veltliner ist die österreichische Rebsorte schlechthin. Ein Drittel der Rebfläche des Landes ist damit bestockt, und von den weltweit etwa 25000 ha Grünem Veltliner stehen knapp 20000 ha in Österreich. Der Rest verteilt sich auf die Slowakei und in geringem Umfang auf Italien. Im Weinviertel und um Wien herum werden einfache Weine ohne große Ansprüche an die Qualität gekeltert. Dort entstehen leichte, spritzig süffige Durstlöscher. Niederösterreich und besonders die Wachau schenken uns aus dieser Rebsorte aber auch eindrucksvolle Weine von internationalem Niveau.

DIE VORBEREITUNG

Einkaufen: Sicher gehen Sie mit einem Wein aus Niederösterreich (Kremstal, Kamptal, Wachau)
Bezugsquelle: Weinhandel
Alter: 1–2 Jahre nach der Ernte. Selbst hochwertiger Grüner Veltliner ist jung am besten. Nur absolute Spitzengewächse aus der Wachau und dem Kremstal können, so hört man, wie ein Riesling altern. (Vielleicht heben Sie eine Flasche auf und urteilen selbst.)
Preisklasse: 1–2
Temperatur: 8–10 °C

Ein klassischer Grüner Veltliner überrascht mit seinem »Pfefferl«

DIE VERKOSTUNG

Farbe: Blassgrün
Duft: Rauchig, vegetabil (Gurken und Dill, manchmal meint man auch ein Aroma von Linsen zu erschnuppern), sehr charakteristischer Duft nach weißem Pfeffer. Zitrusfrüchte (Orangen, Grapefruits).
Geschmack: Typisches Pfefferaroma, würzig, kräftige Säure, trocken
Struktur, Charakter: Grüner Veltliner ist eine aromatische Rebsorte mit einem klaren sehr persönlichen Profil und deutlich mehr Eigengeschmack als Pinot Blanc. Sie strahlt eine herbe Fruchtigkeit und lebendige Frische aus und vermittelt damit einen Eindruck ihrer eher kühlen klimatischen Herkunft. Der Wein besitzt Kraft, bleibt aber schlank und ist niemals üppig oder füllig.

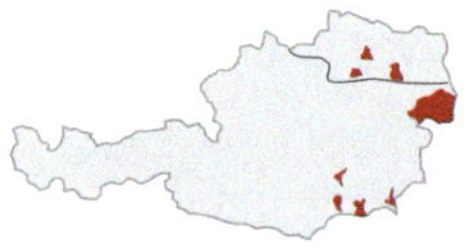

Österreich: Die Weinregionen

DER NAME

Der Name Veltliner hat nichts mit dem lombardischen Valtellina zu tun, dessen roter Wein auch Veltliner heißt, aber aus der Nebbiolo-Traube gekeltert wird.
Die Österreicher nennen ihren Wein liebevoll »GV« und seinen typischen Geschmack »Pfefferl«.

Dürnstein in der Wachau, Blick von der Burgruine auf Dorf und Donau

Chardonnay Kalifornien
(Napa Valley oder Sonoma County)

(HERKUNFT → S. 150, REBSORTE → S. 135)

DER WEIN

Fast 600 Millionen Flaschen Chardonnay werden jährlich in Kalifornien abgefüllt. Das ist gigantisch viel und geht oft auf Kosten der Qualität. Dennoch ist die durchschnittliche Qualität der bei uns erhältlichen Weine erstaunlich hoch, im Vergleich zu den Chardonnays vieler europäischer Nachbarn oft sogar um Klassen besser. Überall ist die Aufbruchstimmung immer noch spürbar und die Suche nach Qualität und einem eigenständigen Ausdruck ungebremst.

Die Aromen süßer, saftig-vollreifer Mangos und anderer tropischer Früchte finden sich im kalifornischen Chardonnay

DIE VORBEREITUNG

Einkaufen: Achten Sie darauf, dass der Wein nicht zu stark in Barrique ausgebaut (→ S. 152) ist
Bezugsquelle: Weinhandel, Supermarkt mit Beratung
Preisklasse: 1–2
Alter: 2–5 Jahre nach der Ernte. Nach einigen Jahren Flaschenreifung verbinden sich die Aromen aus dem Holzfass immer besser mit den Aromen des Weins, er gewinnt an Komplexität (→ S. 153).
Temperatur: 10–12 °C

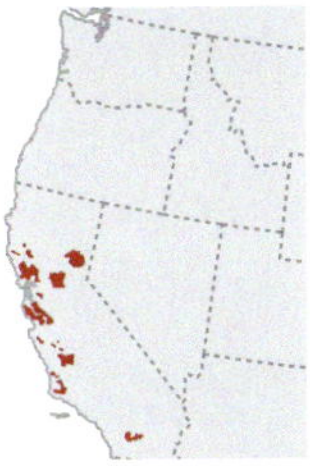

Kalifornien: Die Weinregionen

DIE VERKOSTUNG

Farbe: Helles bis tiefes Goldgelb
Duft: Tropische Früchte (Ananas, Bananen, Mangos und Melonen), aber auch frische grüne Äpfel und Minze. Vom Eichenholz stammen Aromen wie Vanille und Toastbrot.
Geschmack: Buttrig, sahnig, üppiger Körper (→ S. 30). Achten Sie auch auf die Säure (ist sie klar erkennbar frisch und knackig oder sanft und mild?) und auf die Restsüße – viele Winzer experimentieren damit.
Struktur, Charakter: Bis vor kurzer Zeit war das Ideal vieler Winzer ein Maximum an Frucht mit viel süßem Eichenholzgeschmack. Der Trend geht heute eher wieder weg von diesen Geschmacksbomben. Wichtiger sind Harmonie, Eleganz und Geschmeidigkeit.

Mondavi, das führende Weingut Kaliforniens, hat auch architektonisch Akzente gesetzt

BOB THOMPSON ÜBER KALIFORNIEN

»Kalifornien macht Nichtkalifornier manchmal ganz schön neidisch. Hier ist alles so einfach. Man steckt eine Rebe in den Boden, wartet zwei Jahre, erntet Riesenerträge an reifen Trauben, legt den Wein in automatisierte Keller und fährt über Winter nach Hawaii – no problems. Es ist wahrhaftig ein wenig so, insbesondere im Vergleich mit dem Rheingau, der Champagne und sogar mit dem Chianti.«
(Bob Thompson ist Autor des »Atlas der kalifornischen Weine«.)

Gewürztraminer trocken

Elsass

(HERKUNFT → S. 144, REBSORTE → S. 136)

DER WEIN

Die Rebe stammt aus Tramin in Südtirol und wurde dort schon um das Jahr 1000 erwähnt. Vor vierhundert Jahren musste sie jedoch dem ertragreicheren Vernatsch weichen. In ihre neue Wahlheimat Elsass gelangte sie wohl über die Pfalz, und das schon im Mittelalter. Obwohl der Gewürztraminer fast überall in Europa und auch in der Neuen Welt weit verbreitet angepflanzt wird, fühlt er sich im Elsass ganz besonders heimisch. Außer für trockene und liebliche Weine ist er auch hervorragend für edelsüße Dessertweine geeignet.

DIE VORBEREITUNG

Einkaufen: Auf dem Etikett steht »Alsace AOC« oder »Alsace Grand Cru AOC« mit dem Zusatz »Gewürztraminer«
Bezugsquelle: Weinhandel
Preisklasse: 2–3
Alter: 2–3 Jahre nach der Ernte
Temperatur: 8–10 °C

DIE VERKOSTUNG

Farbe: Helles bis tiefes Gold. Die reifen Trauben haben oft eine deutlich kupferfarbene Haut.
Duft: Der Gewürztraminer ist einer der aromatischsten Weine der Welt: Üppig, überschwänglich, verführerisch duftet er nach Litschis, Rosenblättern, Orangenblüten, exotischen Früchten (eventuell leicht nach Nivea-Creme – was meinen Sie?). Dazu kommen Gewürze wie Zimt und schwarzer Pfeffer. Damit ist er leicht zu erkennen.
Geschmack: Damit der Gewürztraminer nicht einfach nur fett und konturlos Aromaschwaden verbreitet, braucht er ein klares Säuregerüst. Viele Winzer unterbinden daher auch die malolaktische Gärung (→ S. 124), um mehr frische Säure zu erhalten. Der hohe Alkoholgehalt gibt dem Wein trotzdem Wärme und eine fast ölige Konsistenz.
Struktur, Charakter: Gewürztraminer besitzt einen vollen, opulenten Körper (→ S. 30), im Idealfall eine wunderbare Balance von aromatischer Wucht und einem festen Rückgrat an Säure.

GOETHE UND DER GEWÜRZTRAMINER

Im April 1770 kam der damals 21-jährige Goethe nach Straßburg, um hier Jura zu studieren. Stattdessen verliebte er sich in die schöne Tochter des Pfarrers von Sesenheim, Friederike Brion, und in den Gewürztraminer.

Die Beeren der Gewürztraminer-Traube sind leicht kupferfarben

Frankreich: Elsass

Gewürztraminer überwältigt mit den schweren Düften von Orangenblüten und vielem mehr

Vier leichte Weißweine

Frische Blumen und Früchte

Schweizer Chasselas
Riesling Kabinett trocken
Sancerre
Albariño

Die Weine dieser Runde stammen alle aus Europa, es sind Weine aus kühlen Anbaugebieten. In den wärmeren Gegenden Europas (Südfrankreich, Südspanien) und vor allem in der Neuen Welt ist dieser Stil selten zu finden. Ihnen allen gemeinsam ist ein trockener frischer Stil, meist mit knackiger Säure. Sie sind leicht und »süffig« und wollen jung genossen werden, denn ihre Frische hält sich nicht lange. Die meisten leichten Weißweine werden gleich vor Ort konsumiert und nicht weit in der Welt herumgeschickt.

Obwohl es sich um leicht zugängliche und einfache Weine handelt, ist ihre Vielfalt fast unbegrenzt. Ihr Geschmacksspektrum reicht von einem eher diskret fruchtigen Aroma beim Chasselas über die vegetabilen Aspekte des Sancerre und die mineralische Klarheit des Rieslings bis hin zu den intensiven Düften des Albariño. Unsere Auswahl möchte etwas von dieser Vielfalt andeuten und umfasst daher auch je ein wichtiges Beispiel aus Frankreich und – für viele vielleicht überraschend – aus Spanien.

Und was kommt auf den Teller?

Die Weine eignen sich mit etwas Knabberzeug wunderbar als Aperitif und passen gut zu sommerlichen Picknicks. Sie sind sehr anpassungsfähig und daher ideale Alltagsweine für fast jede Art einfacher Fisch- und Geflügelgerichte. Ihre beste Seite zeigen sie eher am Anfang eines Mahls als Begleiter zu Vorspeisen und zum ersten Gang, für einen anspruchsvolleren Hauptgang sind sie etwas zu leichtgewichtig.

Vorspeisen

Alle Weine:
Klare und gebundene Suppen, Pasta und Risotto ohne Tomaten, Fischterrinen, Blattsalate ohne zu viel Säure.

Hauptgang

Alle Weine:
Fast alle Zubereitungsarten von Süß- und Meeresfischen (ohne Tomatensauce)
Pochiertes, geschmortes oder zart gebratenes helles Fleisch (Geflügel, Kaninchen, Kalb). Panierte Schnitzel, gebackene Hähnchen, geschmorte Kalbshaxe usw.
Innereien, besonders Kalbsbries
Sancerre:
Der Wein aus der Sauvignon-Blanc-Traube ist einer der wenigen Weine, die wirklich gut mit Spargel harmonieren.

Käse

Alle Weine:
Frischkäse (besonders aus Ziegenmilch), milder Hartkäse

Und wenn niemand kochen will?

Eine Platte mit gemischtem Blätterteiggebäck (eventuell im Ofen erwärmt) und verschiedenen Käsesorten, vielleicht sogar mit ein paar Stücken gegartem Geflügel (fertig gekauft) runden die Weinprobe erfreulich ab. Auch fein: Flammkuchen.

»Mis en bouteille par …« bedeutet Erzeugerabfüllung

Schweiz: Chablais

Das schöne und weithin sichtbare Schloss von Aigle dominiert die Landschaft des Chablais

Schweizer Chasselas

(Yvorne, Aigle)

(HERKUNFT → S. 141, REBSORTE → S. 136)

DER WEIN

Die beiden Gemeinden gehören zum Chablais, einem Waadtländer Weinbaugebiet zwischen dem Ende des Genfer Sees und dem Eingang zum Wallis bei St-Maurice. Tiefgründige Geröllhalden bieten ideale Böden für die Reben, die hohen Bergflanken Schutz und der Föhn zusätzliche Wärme.

DIE VORBEREITUNG

Einkaufen: Es ist nicht ganz einfach, diese Weine außerhalb der Schweiz zu finden. Falls Sie wirklich nicht fündig werden, fragen Sie nach einem anderen Schweizer Wein aus der Chasselas-Traube. Achten Sie auf eine Erzeugerabfüllung (→ S. 153).
Bezugsquelle: Weinhandel oder ein paar hilfsbereite Freunde in der Schweiz
Preisklasse: 2–3
Alter: 1–2 Jahre nach der Ernte
Temperatur: 6–8 °C

DIE VERKOSTUNG

Farbe: Blasses Gold
Duft: Sehr variable Frucht- (Birnen) und Blumendüfte (Lindenblüten). Das Aromaspektrum der Chasselas-Weine ist sehr vielfältig, da sich auf dem eher neutralen Eigenaroma der Traube die Terroirnoten (→ S. 154) sehr schön spiegeln.
Geschmack: Mineralisch (Feuerstein), feine Fruchtaromen. Meistens wird eine malolaktische Gärung (→ S. 124) durchgeführt, weshalb diese Weine in der Säure eher mild sind. Das wird im Vergleich zum Riesling und zum Albariño sehr schön deutlich.
Struktur, Charakter: Muskulös und trotzdem elegant, vollmundig. Die Weine von Yvorne sind insgesamt etwas kräftiger und würziger, die von Aigle eher delikat und elegant.

SEHENSWERTES ÜBER WEIN

In Aigle steht ein beeindruckendes Schloss aus dem 12. Jahrhundert, in dem ein sehenswertes Weinbaumuseum untergebracht ist.

Riesling Kabinett trocken
(Mosel-Saar-Ruwer)

(HERKUNFT → S. 138, REBSORTE → S. 134)

DER WEIN

Obwohl die Riesling-Traube eine unverkennbare Persönlichkeit besitzt, überrascht sie uns in jedem Anbaugebiet mit immer wieder neuen Facetten ihres reichen Charakters. An der Mosel ist sie frisch und spritzig und je nach Lage von ganz unterschiedlichen Frucht- und Mineralnoten geprägt. In der Kabinett-Qualität (→ S. 138) kommt diese erfrischende Leichtigkeit oft genauso schön zum Ausdruck wie in den schwereren Spät- und Auslesen.

DIE VORBEREITUNG

Einkaufen: Obwohl die Region besonders für ihre Weine mit Restsüße berühmt ist, sollten Sie einen trockenen Wein wählen. Ganz knochentrocken muss er allerdings nicht sein. Achten Sie unbedingt auf Qualität. Sie kostet vielleicht etwas mehr, macht aber den Unterschied aus zwischen einem aufregenden Erlebnis und einer schluckweise sich steigernden Frustration.
Bezugsquelle: Winzer, Weinhandel, Supermarkt (nur mit Beratung)
Preisklasse: 1–2
Alter: Mindestens 2–3 Jahre nach der Ernte
Temperatur: 6–8 °C

VERKOSTUNG

Farbe: Helles Gelbgrün
Duft: Blumig (Holunder, Rosen) und alle Früchte des Aromaspektrums (Äpfel, Quitten, Pfirsiche, Birnen, Aprikosen, Zitronen)
Geschmack: Frische Säure, eventuell Restsüße (→ S. 30, 154). Ganz typisch für Mosel-Riesling ist ein je nach Lage mehr oder weniger ausgeprägter mineralisch-schiefriger Geschmack.
Struktur, Charakter: Klare, transparente Struktur. Herrlich erfrischend und trotzdem charaktervoll und elegant. Nirgendwo auf der Welt gibt es bessere leichte Weißweine als hier an den Hängen der Moselschleifen (7–9 % Alkohol).

IDEALE BEDINGUNGEN

Die lange Vegetationsperiode im geschützten Tal der Mosel gibt den Trauben Zeit, ihr wunderbares Aroma zu entwickeln, das kühle Klima lässt ihnen aber gleichwohl ihre delikate Frische und Transparenz.

Es handelt sich um einen Qualitätswein mit Prädikat, das Prädikat heißt Kabinett

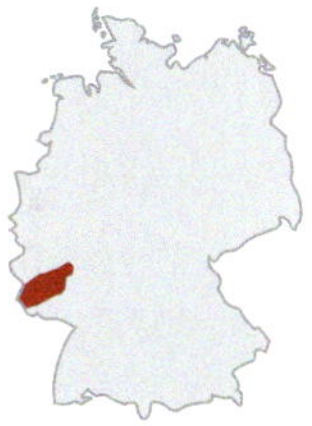

Deutschland: Mosel-Saar-Ruwer

Wie in einem Hohlspiegel sammelt sich die Sonne in den Moselschleifen. Hier bei Bremm

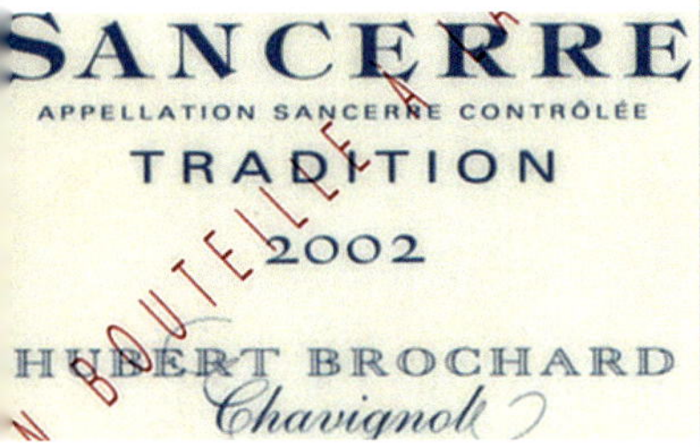

Die französische AOC ist auf dem Etikett immer klar erkennbar: Hier »Appellation Sancerre Contrôlée«

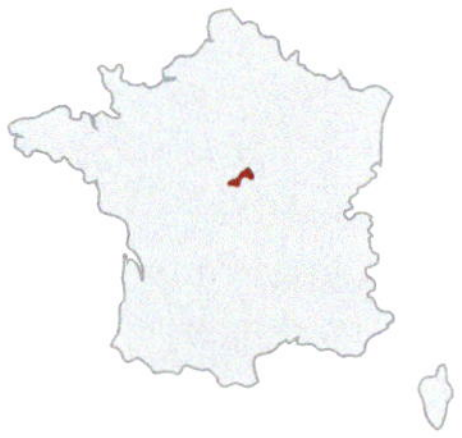

Frankreich: Sancerre

Stachelbeeraromen sind typisch für Weine aus der Sauvignon-Blanc-Traube

Sancerre

(HERKUNFT → S. 145, REBSORTE → S. 136)

DER WEIN

Sancerre wird immer reinsortig (→ S. 154) aus der Sauvignon-Blanc-Traube gekeltert. Diese Rebsorte reagiert relativ stark auf die klimatischen Verhältnisse: Sancerre liegt in einem eher kühlen Anbaugebiet an der Loire, die Weine sind daher frisch, schlank und transparent. In einem warmen Klima (Neue Welt) entwickeln sie sich völlig anders: Sie werden voll, körperreich und verströmen intensive Aromen von exotischen Früchten. Wir treffen einen Vertreter aus Neuseeland bei den schweren trockenen Weißweinen (→ S. 68).

DIE VORBEREITUNG

Einkaufen: Auf dem Etikett sollte »Appellation Sancerre Contrôlée« stehen. Als Alternative ist auch ein Pouilly-Fumé möglich, der vom gegenüberliegenden Ufer der Loire stammt und ganz ähnliche Eigenschaften aufweist.
Bezugsquelle: Weinhandel, eventuell Supermarkt (nur mit Beratung)
Preisklasse: 2
Alter: 2–3 Jahr nach der Ernte
Temperatur: 6–8 °C

DIE VERKOSTUNG

Farbe: Glanzklares blasses Gold
Duft: Holunderblüten, Akazienblüten, Stachelbeeren (sehr charakteristisch für Sauvignon Blanc), Brennnesselblätter, immer wieder taucht auch der Vergleich mit Katzenpisse auf, was in diesem Zusammenhang nicht negativ gemeint ist, Feuerstein, rauchig (besonders charakteristisch für den Wein aus der Nachbarregion Pouilly-Fumé, daher der Name).
Geschmack: Lebendige erfrischende Säure, manchmal fast scharf. Trocken.
Struktur, Charakter: Diese Weine sind fruchtig, frisch und sehr elegant. Sie gehören mit Pouilly-Fumé zusammen zu den bekanntesten des gesamten Loire-Gebiets.

SANCERRE UND TERROIR

Die Sancerre-Weine reagieren sehr sensibel auf die Zusammensetzung des Bodens, insbesondere erkennt man den Feuersteingeschmack sofort in Weinen, die auf Böden mit hohem Silex-Anteil (Flintstein) wachsen.
Sancerre ist in den letzten Jahren zu einem Modewein geworden, was seiner Qualität nicht immer nur förderlich war.

Albariño

(HERKUNFT → S. 148)

DER WEIN

Die Albariño-Rebe ist eine uralte einheimische Rebsorte Galiziens. Sie gehört zweifellos zu den hochwertigsten weißen Rebsorten überhaupt. Ihr qualitatives Potenzial wurde aber erst in den achtziger Jahren wirklich entdeckt. Seit den neunziger Jahren gibt es in Rías Baixas eine wachsende Produktion und damit auch einen nennenswerten Export.

DIE VORBEREITUNG

Einkaufen: Auf dem Etikett sollten »DO Rías Baixas« und die Rebsorte Albariño stehen. Aus Rueda stammen ebenfalls Weine aus der Albariño-Traube, die deutlich günstiger sind und sich für diese Weinprobe auch ganz gut eignen.
Bezugsquelle: Weinhandel
Preisklasse: 2–3 (die Produktion in Rías Baixas ist immer noch relativ klein und aufwändig, die Weine sind daher etwas teuer)
Alter: 2–3 Jahre nach der Ernte
Temperatur: 6–8 °C

Der AOC in Frankreich entspricht in Spanien die DO, »Denominación de Origen«

DIE VERKOSTUNG

Farbe: Die Trauben können manchmal leicht kupferfarben sein, was dem Wein eine blasse bis tiefe Goldfarbe schenkt.
Duft: Intensiv nach Pfirsichen und Aprikosen
Geschmack: Ausgeprägt mineralisch, frische kräftige Säure, für einen leichten Wein relativ hoher Alkoholgehalt (meist 12 % und mehr)
Struktur, Charakter: Interessant ist der Vergleich mit dem eher alkoholschwachen Riesling. Der Albariño dürfte auf dem Gaumen als schwerer und körperreicher, eventuell als wärmer wahrgenommen werden.

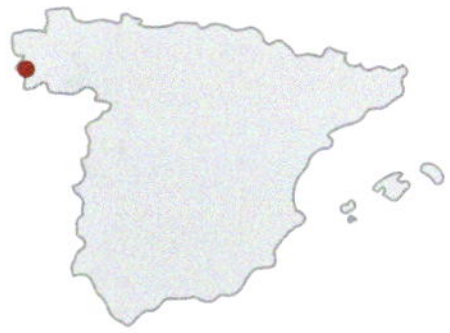

Spanien: Galizien

ALBARIÑO UND DEUTSCHLAND

Die Albariño-Rebe soll schon im 12. Jahrhundert von deutschen Mönchen auf ihrer Pilgerfahrt nach Santiago di Compostela nach Spanien gebracht worden sein. Eine verborgene Verwandtschaft mit dem Riesling wäre dann vielleicht mehr als nur ein Verdacht vieler Verkoster.

Albariño-Weinberge nahe der Mündung des Rio Miño in Galizien

Vier mittelschwere Weißweine

Äpfel und Birnen, Aprikosen und Pfirsiche

Silvaner Franken
Grauburgunder Baden
Chablis
Soave Classico

Diese Weine besitzen Persönlichkeit und Charakter, die von einem gut gebauten Körper (→ S. 30) getragen werden. Ihre Herkunft kommt oft sehr klar und profiliert zum Ausdruck. Sie sind anspruchsvoll und erwarten unsere Aufmerksamkeit. Diese Runde zeigt Ihnen an vier sehr unterschiedlichen Weinen, wie reich die Geschmacksvielfalt in dieser Weißweinfamilie sein kann.

Wir bewegen uns aber immer noch in relativ kühlen Gegenden, die Weine bleiben also trotz ihrer Ausdrucksstärke in der Regel spritzig und frisch. Und vergessen Sie nicht: jeder dieser Weine ist seinerseits wieder nur eine Tür zu weiteren Entdeckungsfahrten in neue aufregende Weingefilde.

Und was kommt auf den Teller?

Diese Weine sind ideale Begleiter der Mahlzeiten. Da sie selbst anspruchsvoll sind, erwarten sie das auch von ihrem kulinarischen Partner und treten in einen spannenden Dialog mit den Gerichten auf dem Teller. Ihre Vielfalt ist zudem fast unbegrenzt und damit wie eine Klaviatur, auf der man spielen, experimentieren und improvisieren kann. Eine Besonderheit hat der Chablis: Er passt hervorragend zu Fischen und Meeresfrüchten.
Eine zweite Rolle, die diesen Weinen wie auf den Leib geschneidert ist, spielen sie als Solisten beim entspannten Gespräch unter Freunden.

Vorspeisen

Alle Weine:
Klare und gebundene Suppen, Blattsalat mit wenig Säure, Salate von Meeresfrüchten, Gemüse- und Fischsülzen
Grauburgunder:
Spaghetti alla Carbonara, Nudeln mit Steinpilzsahne, Kalbskopf, Pasteten, Wild- und Gänseleberterrine
Chablis:
Austern
Soave:
Risotto mit Meeresfrüchten, Pilzen oder Gemüse, Risotto nero (mit Tintenfischtinte)
Silvaner:
Spargel, Gemüsegerichte

Hauptgang

Alle Weine:
Süßwasser- und Meeresfische mit hellen Saucen oder paniert, aber auch gegrillt. Tafelspitz und Pot-au-feu, helles Kalbsragout, nicht zu kräftig gebratenes Kalbfleisch (Filet, Haxe), Ossobuco, Geflügel
Grauburgunder, Silvaner:
Gepökeltes Fleisch, Sauerkraut- und Schlachtplatte, geräucherte Speisen

Käse

Weichkäse, Ziegenfrischkäse
Der **Soave** passt weniger gut zum Käse (versuchen Sie es trotzdem, vielleicht sind Sie anderer Meinung?)

Und wenn niemand kochen will?

Alle Pasteten und Terrinen, etwas Käse und ein kleiner Salat

Silvaner Franken

(HERKUNFT → S. 139, REBSORTE → S. 136)

DER WEIN

In Franken wäre die Vegetationsperiode für den Riesling, der bis in den Oktober hinein reifen muss, zu kurz. An seine Stelle tritt in dieser Region also eine andere Rebsorte: der Silvaner. Entlang des Mains erbringt er in immer wieder anderen klimatischen Nischen und auf unterschiedlichen Böden sehr verschiedenartige Weine. Die besten wachsen im so genannten Maindreieck mit der Stadt Würzburg als Zentrum.

Und so wird stilvoll aus dem Bocksbeutel eingeschenkt

DIE VORBEREITUNG

Einkaufen: Die Qualitätsunterschiede sind beträchtlich, lassen Sie sich beraten. Wählen Sie für die Weinprobe einen trockenen Wein.
Bezugsquelle: Weinhandel
Preisklasse: 1–2
Alter: 2–4 Jahre
Temperatur: 8–10 °C

DIE VERKOSTUNG

Farbe: Helles Gelb
Duft: Äpfel, Grapefruits, gelbe Pflaumen, Melonen, Quitten
Geschmack: Erdig, grün-pflanzliche Noten, saftige markante Säure. Diese Weine sind in der Regel sehr trocken, man nennt sie geradezu »fränkisch trocken«.
Struktur, Charakter: Voll, körperreich (→ S. 30), kraftvoll, dicht, fest, kernig. Die besten Weine erreichen eine vollendete Harmonie von Kraft und Eleganz. Die Ähnlichkeiten hinsichtlich der geographischen Breite und des Terroir (→ S. 154) begründen eine stilistische Verwandtschaft zwischen dem Silvaner aus Franken und dem Chablis aus Burgund.

Deutschland: Franken

SILVANER EINSCHENKEN

Der Name Bocksbeutel umschreibt sprechend Form und Vorbild der typischen Flasche des Frankenweins. Zum Einschenken legt man ihn flach auf die Hand, den Daumen auf das Etikett.

Die Festung Marienberg, jahrhundertelang Sitz der Fürstbischöfe von Würzburg

Grauburgunder Baden

(HERKUNFT → S. 139, REBSORTE → S. 136)

DER WEIN

Grauburgunder ist eine Mutation von Pinot Noir (→ S. 130), die Farbe der Beeren spielt daher oft ins Rötlichbraune. Die Weine besitzen eine für Weißwein ungewöhnliche Körperfülle und Farbtiefe.
Baden ist mit Abstand der größte Erzeuger von Grauburgunder in Deutschland. Hier versuchen immer mehr innovative Winzer das Potenzial dieser Rebsorte zu ergründen. Dabei entstehen nicht nur erstaunliche Stillweine (→ S. 154), sondern auch wunderbar duftige Schaumweine. Kleinere Mengen Grauburgunder stammen aus der Pfalz und aus Rheinhessen. Ruländer ist die gleiche Rebsorte. Der Name wird meist nur für liebliche oder edelsüße Weine verwendet.

Die Grauburgunder-Traube zeigt Farbschattierungen vom hellen Graurot bis zum dunklen Braunblau

DIE VORBEREITUNG

Einkaufen: Achten Sie darauf, dass der Wein trocken und reinsortig (→ S. 151) ist und das Prädikat Kabinett oder Spätlese (→ S. 138) trägt. Die Winzergenossenschaften spielen in Baden eine große Rolle, ihren Erzeugnissen kann man durchaus vertrauen.
Bezugsquelle: Winzer, Weinhandel, Supermarkt (nur mit Beratung)
Preisklasse: 1 (–2)
Alter: Der Wein gewinnt durch 3–4 Jahre Lagerung ungemein an Komplexität (→ S. 153).
Temperatur: 8–10 °C

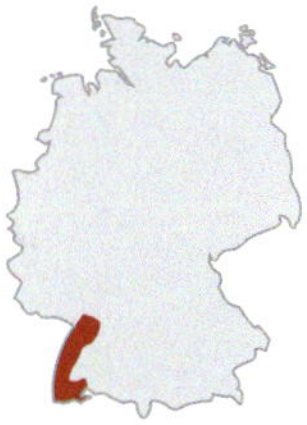

Deutschland: Baden

DIE VERKOSTUNG

Farbe: Blasses bis tiefes Gold, in der Jugend mit grünlichen Reflexen
Duft: Holunderblüten, Akazienblüten, Orangen(blüten), Äpfel, Nüsse, Butter, mit der Reife auch Pilze und Honig
Geschmack: Erdige Geschmacksnoten, weiche Säure, langer Abgang (→ S. 24, 152)
Struktur, Charakter: Voller, fetter Körper (→ S. 30), Opulenz, hoher Extraktgehalt (→ S. 153), Kraft und weiche Fülle

Grauburgunder schenkt uns eine reiche Duftfülle, oft von Holunderblüten

EINE REBE, VIELE NAMEN

Den Namen Ruländer erhielt die Rebe von ihrem Entdecker in der Pfalz, Johann Ruland (1683–1745). Er fand sie in seinem Weinberg, erkannte ihr Potenzial und vermehrte sie.
Im Elsass heißt der Pinot Gris (Grauburgunder) eigentümlicherweise und zum Ärger der Ungarn Tokay. Den Namen erhielt er, weil der Baron von Hohlandsberg im Elsass, der General Lazerus von Schwendi, diese Rebe nach seinen Siegen über die Türken bei Tokay (1567–68) mit in seine Heimat gebracht und in Kientzheim angepflanzt hat.

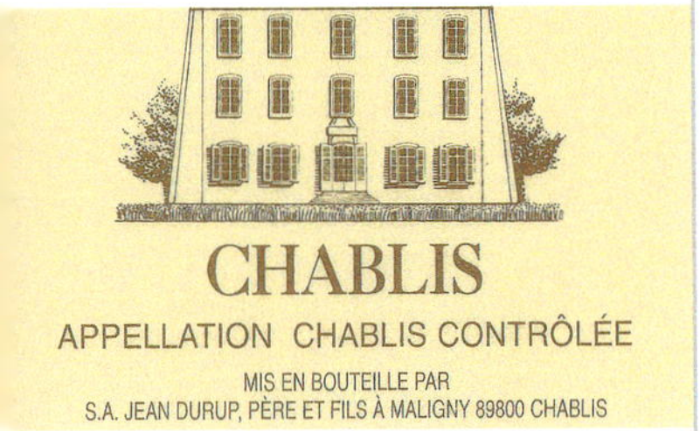

Bei vielen Weinen aus Europa wird auf dem Etikett nur die Herkunft ohne die Traubensorte angegeben

Frankreich: Chablis

In Frostnächten werden die Rebberge vielerorts mit Öfen beheizt

Chablis

(HERKUNFT → S. 144, REBSORTE → S. 135)

DER WEIN

Die wandelbare Chardonnay-Traube findet im nördlichen Burgund – rund um das Städtchen Chablis – ein Klima und einen Boden vor, die sie schlank, transparent und mineralisch tiefgründig wie nirgendwo sonst auf der Welt machen. Wir bewegen uns aber auch im Grenzbereich ihres Lebensraums: Frühjahrsfröste können die Ernte klein halten. Wenn dann im Herbst noch die Sonne für eine letzte Reife ausbleibt, fehlt den Weinen auch die charakteristische Frucht und Kraft.

DIE VORBEREITUNG

Einkaufen: Die unterste Qualitätsstufe heißt »Petit Chablis«, wir lassen sie besser aus. Darüber folgen: »AOC Chablis«, »Chablis Premier Cru« und »Chablis Grand Cru«. Ein Grand Cru muss es nicht sein, aber vielleicht leisten Sie sich einen Premier Cru, dieser bietet oft ein sehr gutes Preis-Leistungs-Verhältnis. Achten Sie darauf, dass der Wein nicht in Barrique (→ S. 152) ausgebaut wurde. Das würde den Vergleich mit den anderen Weinen beeinträchtigen.
Bezugsquelle: Weinhandel
Preisklasse: 1–2
Alter: Für einfachen Chablis: 3 Jahre. Premier und Grand Cru gewinnen nach 4–5 Jahren deutlich an Komplexität (→ S. 153).
Temperatur: 8–10 °C für einfachen Chablis, 10–12 °C für Premier und Grand Cru.

DIE VERKOSTUNG

Farbe: Blasses Grüngold; Chablis ist berühmt für seine helle, klare grünliche Farbe, die man auch schon mit dem Schimmer von feinem Olivenöl verglichen hat.
Duft: Grüne Äpfel, Zitrusfrüchte, Lindenblüten, Mandeln, Butter
Geschmack: Mineralische Noten (Feuerstein), lebendige Säure, sehr trocken
Struktur, Charakter: Das Gleichgewicht zwischen Säure und Körper (→ S. 30) macht diese Weine rund und vornehm.

FROSTSCHUTZ

Gegen die gefürchteten Frühjahrsfröste wurden die Weinberge oft mit Öfen beheizt. Heute beregnet man sie eher. Die so entstandene Eisschicht schützt die Pflanzen vor den allzu tiefen Temperaturen.

Soave Classico

(HERKUNFT → S. 142)

DER WEIN

Soave wird zu mindestens 70 % aus der alten einheimischen Garganega-Traube gekeltert. Der Rest ist Trebbiano, Pinot Bianco oder Chardonnay (→ S. 135). Die Garganega-Rebe zeichnet sich durch einen kräftigen Wuchs aus und verleitet die Winzer dadurch oft dazu, Überträge zu produzieren. So entsteht der Massenwein Soave, der auch bei uns die Regale der Supermärkte füllt. Auch das Anbaugebiet östlich von Verona wurde im Sinne der Massenproduktion ausgeweitet. Bei scharfer Mengenbeschränkung entstehen aber wunderbar duftige und gehaltvolle Weine. Die Weine aus der traditionellen Kernzone sind klar erkennbar. Sie tragen die Zusatzbezeichnung »Classico«.

»Classico Superiore« bezeichnet die genaue Qualitätsstufe des Weins

DIE VORBEREITUNG

Einkaufen: Die Qualität steigt an vom einfachen »Soave« (sollten Sie liegen lassen) über den »Soave Classico«, den »Soave Classico Superiore« bis zur Spitze mit Lagenbezeichnung »Soave Classico Superiore Cru …«.
Eine kleine Gruppe von Spitzenerzeugern (Anselmi, Pieropan) haben 1999 beschlossen, ihre Weine nicht mehr Soave zu nennen, sondern unter dem eigenen Namen anzubieten. Auf diese Weise wollen sie sich von der Massenproduktion distanzieren. Wenn Sie eine solche Flasche finden, zahlen Sie zwar etwas mehr, machen sich aber ein wunderbares Geschenk.
Bezugsquelle: Unbedingt Weinhandel
Preisklasse: 1–2
Alter: Je nach Qualität möglichst jung oder bis zu 5 Jahren gereift
Temperatur: 8–10 °C

Italien: Veneto

DIE VERKOSTUNG

Farbe: Helles ins Grünliche spielendes Goldgelb
Duft: Blumen, Zitronen, Mandeln, leicht, delikat
Geschmack: Frisch, aber nicht säurebetont, trocken, angenehmer Bittermandelton im Abgang (→ S. 24, 152)
Struktur, Charakter: Mittlerer Körper (→ S. 30), cremig-ölige Konsistenz. Der italienische Name Soave bedeutet »sanft, mild, anmutig« – das trifft den Charakter dieses Weins ganz genau.

Die Stadt Soave mit ihrer schönen Burg

REBEN IM SOAVE-GEBIET

Die traditionellen Pergolen prägen immer noch weitgehend das Bild in den Weinbergen des Soave-Gebiets.

Vier schwere trockene Weißweine

Exotische Früchte, Nüsse und Butter

Viognier Rhône-Tal
Marsanne (Roussanne)
Sauvignon Blanc Neuseeland
Chardonnay Australien

Ihr Reichtum an Körper (→ S. 30), Alkohol und Geschmacksfülle lässt uns diese Weine als »schwer« empfinden. Sie stammen in der Regel aus den warmen Gegenden Südeuropas oder aus der Neuen Welt. Die Stilunterschiede sind aber beträchtlich. Unsere beiden südfranzösischen Weine sind fein, raffiniert und subtil, dabei eher zurückhaltend in der Säure, und betören uns mit ihren Düften nach Blumen und Früchten. Üppige, ausladende oft fast überbordende Frucht ist dagegen das herausragende Kennzeichen der Weine aus der Neuen Welt. Das ging und geht oft auf Kosten der Feinheit. In den kühleren Gegenden Australiens und Neuseelands entstehen aber auch Weine, die alles bieten, was das Herz begehrt: Fülle und Eleganz, Wucht und Feinheit, Verführung und Tiefe.

Und was kommt auf den Teller?

Diese Weine sind fast zu üppig und überschwänglich, um sie ohne Begleitung zu trinken. Sie brauchen einen neutralisierenden Partner. Ihre Frucht und ihr weicher Schmelz lassen sie zudem oft als süß erscheinen, auch wenn sie ganz trocken sind. Als Partner brauchen sie kräftige und ebenfalls sehr eigenständige Gerichte.
Als Aperitif eignet sich nur der Viognier, die anderen drei sind einfach zu mundfüllend.

Vorspeisen

Alle Weine:
Gebundene Suppen aus Fleisch oder Geflügel, Pasteten und Terrinen aus Geflügel und Kalbfleisch mit Sauce Cumberland, Räucherfisch mit Aioli (Knoblauchmayonnaise), exotisch gewürzter Geflügelsalat
Sauvignon Blanc:
Grüner Spargel, Schinken in Kräutergelee

Hauptgang

Alle Weine:
Gedämpfte und gegrillte Meeresfische, gebratenes Geflügel (Ente, Huhn), Kaninchen, Geflügel- und Kalbsragout
Chardonnay:
Gebratene Leber, Fasanenbrust
Viognier:
Rührei mit Trüffeln

Käse

Chardonnay:
Bergkäse, Schafkäse
Marsanne:
Blauschimmelkäse
Sauvignon Blanc:
Ziegenkäse

Und wenn niemand kochen will?

Aus den bei den Vorspeisen genannten Gerichten lässt sich eine schöne kalte Platte zusammenstellen, die man noch durch Parmaschinken und hart gekochte Eier mit Kaviar ergänzen kann.

Viognier-Weine sind berühmt für ihren verschwenderischen Duft nach reifen Aprikosen

Frankreich: Rhône-Tal

Das hübsche Städtchen Condrieu liegt unterhalb seiner Weinberge direkt am Ufer der Rhône

Viognier Rhône-Tal

(oder Languedoc-Roussillon)

(HERKUNFT → S. 146)

DER WEIN

1968 gab es in Frankreich gerade noch 14 ha Weinberge, die mit der schwierigen und etwas kapriziösen Viognier-Rebe bepflanzt waren. Der größte Teil davon lag in der Appellation Condrieu an der nördlichen Rhône. In den neunziger Jahren kam der Wein jedoch plötzlich in Mode und wurde entsprechend teuer. Heute gibt es in ganz Südfrankreich wieder namhafte Bestände, besonders auch im Languedoc-Roussillon. Selbst in Kalifornien und Australien erfreut sich die Rebe großer Beliebtheit. Die Weine sind alkoholreich, eher säurearm und leben von ihrem verführerischen Duft. Sie sollten deshalb jung getrunken werden. Einige Liebhaber sind da allerdings anderer Ansicht und lassen auch ihren teuren Condrieu einige Jahre liegen.

DIE VORBEREITUNG

Einkaufen: Der »Urviognier« stammt aus der Appellation Condrieu, ist rar und deshalb überteuert. Lassen Sie sich von Ihrem Weinhändler einen Viognier aus dem übrigen Rhône-Tal oder aus dem Languedoc-Roussillon empfehlen. Da Viognier häufig mit anderen Sorten verschnitten wird, achten Sie unbedingt auf einen reinsortigen Wein (→ S. 154).
Bezugsquelle: Weinhandel
Preisklasse: 2
Alter: möglichst jung (1–2 Jahre nach der Ernte)
Temperatur: 10–12 °C

DIE VERKOSTUNG

Farbe: Helles bis tiefes Goldgelb, in der Jugend oft mit grünlichen Reflexen
Duft: Beim jungen Viognier überwältigend: frische reife Aprikosen und Pfirsiche, daneben weiße Blüten (Akazien), Lebkuchengewürze und Honigtöne
Geschmack: Die Säure tritt gegenüber den üppigen Duftnoten eher in den Hintergrund. Im Mund entwickelt sich ein volles, warmes Aroma. Böse Zungen haben auch schon von Gummibärchen gesprochen.
Struktur, Charakter: Viognier ist schwebender ätherischer Duft, der nur durch ein zartes Säureband mit der Erde verbunden ist.

ERGÄNZUNG IM ROTWEIN

Den Rotweinen der Côte Rôtie dürfen bis zu 20 % Viognier beigefügt werden, um sie mit dessen unnachahmlichem Duft zu bereichern.

Marsanne (Roussanne)

Rhône-Tal oder Midi

(HERKUNFT → S. 146)

DER WEIN

Die Marsanne-Traube stammt ebenso wie der Viognier von der oberen Rhône (Hermitage, Crozes-Hermitage) und wurde meist mit Roussanne verschnitten (→ S. 154). Reinsortige Weine aus Marsanne werden aber immer populärer, besonders auch im Midi. Die nach wie vor häufige Kombination mit der säure- und aromastärkeren Roussanne bleibt aber absolut sinnvoll und erbringt in der Regel komplexere (→ S. 153) Weine.

Süß und sanft wie ein Pfirsich duftet der Marsanne-Wein

DIE VORBEREITUNG

Einkaufen: Ob Ihre Wahl auf einen Wein aus dem Rhône-Tal oder dem Midi fällt, spielt keine so große Rolle. Ebenso darf er reinsortig oder mit Roussanne (aber nur mit Roussanne) verschnitten (→ S. 154) sein. Da Marsanne bei unsorgfältiger Kellertechnik leicht flau und plump wird, ist der Produzent sehr wichtig. Die Leserinnen und Leser aus der Schweiz können einen Ermitage aus dem Wallis wählen.
Bezugsquelle: Dieser Wein ist vielleicht nicht ganz leicht zu finden. Versuchen Sie es in einer auf (süd)französische Weine spezialisierten Weinhandlung.
Preisklasse: 2
Alter: 1–2 Jahre nach der Ernte
Temperatur: 10–12 °C

Frankreich: Rhône-Tal

DIE VERKOSTUNG

Farbe: Helles Gold, das bald schon tiefer und dunkler wird
Duft: Sehr blumig, süß und exotisch, Pfirsiche, Zitronen, Mandeln und Nüsse, aber auch schwere Aromen
Geschmack: Wenig Säure, fleischig, fast ölig
Struktur, Charakter: Voll, körperreich (→ S. 30). In Spitzenweinen von der Rhône kann Marsanne (mit Roussanne) zu geradezu monumentaler Größe heranwachsen.

Ein mit Marsanne-Trauben bestockter Weinberg bei Crozes-Hermitage

REBE MIT POTENZIAL

Wie der Viognier an der Côte Rôtie wurde auch Marsanne früher im roten Hermitage mitverwendet, um die Kraft des Syrah etwas zu zähmen. Bis 10 % sind erlaubt. Heute ist dies allerdings immer weniger der Fall.
Im Wallis keltert man aus dieser Traube den kräftigen trockenen Ermitage Blanc, aus Trockenbeeren auch bouquetreiche Dessertweine (Flétri).

Typisch für Sauvignon aus Neuseeland sind neben vegetabilen Aromen auch die südlicher Früchte wie Melonen

Neuseeland: Marlborough

Eine Landschaft wie für den Weinbau geschaffen

Sauvignon Blanc Neuseeland

(HERKUNFT → S. 151, REBSORTE → S. 136)

DER WEIN

Obwohl Neuseeland vom Breitengrad her eher mit Südeuropa vergleichbar ist, entspricht das Klima vor allem an der Nordspitze der Südinsel durch die Kühle des Pazifiks eher dem an der Loire in Frankreich. Einer Region also, die bisher exemplarische Sauvignon Blancs hervorgebracht hat. Neuseeland und vor allem Marlborough haben der Rebsorte neue Dimensionen erschlossen. Hugh Johnson meint: »Mit diesen Weinen hat sich Neuseeland auf Anhieb in die erste Liga der weißweinproduzierenden Länder dieser Erde aufgeschwungen.«

DIE VORBEREITUNG

Einkaufen: Die besten Sauvignons stammen aus der Region Marlborough/Blenheim im Norden der Südinsel. Hier vereinigen sich geringe Niederschläge, lange Sonnenperioden und das kühle Klima auf ideale Weise. Achten Sie auf einen Wein, der nicht im Eichenfass ausgebaut wurde (→ unten und S. 152).
Bezugsquelle: Weinhandel, Supermarkt
Preisklasse: 1–2
Alter: 2–4 Jahre nach der Ernte
Temperatur: 10–12 °C

DIE VERKOSTUNG

Farbe: Helles Gold
Duft: Intensive Fruchtaromen (Stachelbeeren, Melonen, exotische Früchte), aber auch herrlich erfrischende vegetabile Aromen von frisch gemähtem Gras, Brennnesselblättern usw.
Geschmack: Lebendige frische (rassige) Säure (→ S. 30) und voller Körper (→ S. 30) halten sich im Gleichgewicht
Struktur, Charakter: Harmonie zwischen reifer, oft geradezu üppiger Frucht und »grünen« vegetabilen Aromen

SAUVIGNON IN NEUSEELAND

Die ersten Sauvignon-Blanc-Reben wurden erst 1973 als Versuchsweinberg in Marlborough gepflanzt: Dem Weinproduzenten Montana waren die Grundstückpreise an der damals schon berühmten Hawke's Bay auf der Nordinsel zu teuer, er wählte mehr aus Not als aus Weitsicht diese Region. Nach verschiedenen Experimenten und Rückschlägen kam der erste Sauvignon von Montana mit dem Jahrgang 1980 auf den Markt. Die Weine von der Hawke's Bay an der Ostküste der Nordinsel sind weicher, üppiger und für den Ausbau in Eichenholz (→ S. 152) besser geeignet als die von Marlborough.

Chardonnay Australien

(HERKUNFT → S. 151, REBSORTE → S. 135)

DER WEIN

Chardonnay gibt es in Australien in fast allen Variationen – vom leichten, schlanken und hellfarbenen Wein aus der kühlen Klimazone bis zum eichenwürzigen, goldenen und fruchtbetonten Stil aus dem wärmeren Norden.
Margaret River südlich von Perth an der äußersten Südwestecke des Kontinents ist das Qualitätszentrum des Chardonnay. Das warme Klima dieses Breitengrads ist schon stark durch die antarktischen Strömungen und die kühlen ozeanischen Winde gemildert. Hier kombinieren sich deshalb die Stärken: intensive, fast tropische Konzentration der Frucht mit Feinheit und Eleganz.

Das frische Eichenholz bereichert den australischen Chardonnay um die Aromen von Vanilleschoten

DIE VORBEREITUNG

Einkaufen: In diesem Fall ist es sinnvoll, einen in Eichenholz (→ S. 152) ausgebauten Weißwein kennen zu lernen. Wenn darüber nichts auf dem Etikett vermerkt ist, fragen Sie Ihren Weinhändler. Wie keine andere Traube eignet sich Chardonnay und insbesondere australischer Chardonnay für diese Ausweitung seines Geschmacksspektrums durch den Beitrag des Holzes.
Bezugsquelle: Weinhandel, Supermarkt nur mit Beratung
Preisklasse: 2 – 3
Alter: 2 – 4 Jahre nach der Ernte
Temperatur: 10 – 12 °C

Australien: Margaret River

DIE VERKOSTUNG

Farbe: Helles Gold mit grünen Reflexen
Duft: Pfirsich, exotische Früchte, Butter, Honig und vom Eichenholz her Vanille und Toast
Geschmack: Weiche, fast schmelzende, aber trotzdem intensive Fruchtigkeit mit nicht zu starker, milder Säure (→ S. 30). Voller, schmeichelnder Körper (→ S. 30)
Struktur, Charakter: Diese Weine sind leicht zugänglich und pure Sinneslust. Sie entsprechen eher dem Schönheitsideal von Rubens als dem von Botticelli.

Margaret River ist auch ein Vogelparadies, zum Verdruss der Winzer, die ihre Trauben aufwändig schützen müssen

SCHALENMAISCHUNG

Die Australier setzen alles auf Frucht. Viele Winzer haben deshalb Versuche unternommen, auch die Schalen der Weißweintrauben wie beim Rotwein mitzuvergären. Man nennt das Schalenmaischung. Überbordende Fruchtigkeit war das Resultat. Davon kommt man inzwischen wieder ab, um den Weinen mehr Eleganz zu geben.

Vier aromatische und liebliche Weißweine

Exotische Blumen und Früchte

Verdicchio dei Castelli di Jesi
Muscat Sec Elsass
Riesling Spätlese lieblich
Scheurebe Spätlese Pfalz

Hier treten wir ein in den duftendsten Garten unserer Weinwanderung. In ihm finden wir natürlich auch den Gewürztraminer (→ S. 51), der bei der Verkostung der Weißweinstile mit auf dem Tisch steht, aber auch den Albariño (→ S. 57), die anderen Rieslinge (→ S. 43, 55, 115) und den Viognier (→ S. 66). Jeder dieser Weine ist sehr eigenständig und eigentlich mit keinem anderen zu vergleichen. Ihr Hauptmerkmal ist der intensive Duft, ihre »Blumigkeit«, die sie immer lieblich erscheinen lässt, unabhängig davon, ob sie es in Wirklichkeit auch sind. Dieser Duftsüße entspricht als Gegengewicht oft eine wache Säure, die den Eindruck eines erfrischenden lieblichen Gartens noch verstärkt.

Deutschland hat eine lange und erfolgreiche Tradition mit Weinen dieser Familie. Sie wurden in der Vergangenheit oft auch mit einer gewissen Restsüße (→ S. 30, 154) ausgebaut, was die Fruchtigkeit der Aromen ungemein fördern kann.

Im Gegensatz zu diesen klassischen halbtrockenen Weinen sind die aromatischen Weine aus dem Elsass und die aus Italien fast immer trocken.

Und was kommt auf den Teller?

Nur auf den ersten Blick scheint es schwierig, diese sehr aromaintensiven Weine mit Mahlzeiten zu kombinieren. Tatsächlich gibt es eine fast unerschöpfliche Fülle von Möglichkeiten.
Besonders gut eignen sich diese Weine auch als Aperitif und als Erfrischung zwischen den Mahlzeiten.

Vorspeisen

Scheurebe, Riesling:
Räucherlachs, Frühlingsrollen
Verdicchio, Muscat:
Fisch-Carpaccio, Geflügelpastete
Muscat:
Weißer Spargel

Hauptgang

Alle Weine:
Gebratene Süßwasserfische mit Weißweinsauce (am besten mit einem leichten trockenen Weißwein), gebratenes Kalbsmedaillon
Riesling, Scheurebe:
Tafelspitz mit Meerrettichsauce
Muscat:
Asiatische Gerichte

Käse

Alle Weine:
Brie, Münster, salzige Hartkäse (Manchego, Parmesan), Blauschimmelkäse

Dessert

Muscat:
Apfel- und Birnenkuchen, Elsässer Gugelhopf

Und wenn niemand kochen will?

Dann verkosten Sie diese Weine erst nach dem Essen. Sie brauchen nicht unbedingt die Ergänzung durch eine Mahlzeit, sondern begleiten das Gespräch auf anregende und erfrischende Weise.

Verdicchio dei Castelli di Jesi

(HERKUNFT → S. 142)

DER WEIN

Der Verdicchio hat seine Heimat in den Marken an der mittelitalienischen Adriaküste. Weine aus der Kernzone des Anbaugebiets dürfen die Bezeichnung »Classico« auf dem Etikett tragen. Für viele Kenner ist der Verdicchio der bedeutendste Weißwein, der aus einer einheimischen italienischen Rebsorte gekeltert wird. Eine zweite, kleinere Verdicchio-Zone befindet sich weiter südlich rund um das Städtchen Matélica, ihre Weine sind vielleicht noch etwas kräftiger und intensiver im Geschmack.

Der aromatische Quittenduft ist im Verdicchio oft zu finden

DIE VORBEREITUNG

Einkaufen: Wenn Sie einen Wein mit der Bezeichnung »Riserva« finden, geben Sie diesem den Vorzug. Er ist 24 Monate gereift und besitzt einen Mindestalkoholgehalt von 12,5 %.
Bezugsquelle: Weinhandel. Da nur die Weine von qualitätsbewussten Winzern die Vorzüge der Verdicchio-Traube wirklich zum Ausdruck bringen, ist die Beratung durch einen guten, eventuell sogar auf italienische Weine spezialisierten Fachhändler wichtig.
Preisklasse: 2
Alter: 2–3 Jahre
Temperatur: 8–10 °C

Italien: Marken

DIE VERKOSTUNG

Farbe: Sehr helles zartes Goldgelb mit grünlichen Reflexen
Duft: Reich, mit vollem Aroma von Lindenblüten und Wiesenkräutern sowie Zitronen, Mandeln und Quitten. Sogar Kiwi und Orangen lassen sich erschnuppern.
Geschmack: Die Duftaromen entwickeln sich bei diesem Wein besonders schön auch wieder im Mund, dazu tritt zitronige Frische und ein Bittermandelton im Abgang (→ S. 24, 152).
Struktur, Charakter: Besonders in der Riserva-Version ist der Verdicchio ein oft fast üppiger Wein mit vollem Körper (→ S. 30), der trotzdem nicht weich verschwimmt, sondern Kraft und Eleganz ausstrahlt.

Das Städtchen Matélica im Zentrum der zweiten Verdicchio-Region

FLASCHENDESIGN

Um daran zu erinnern, dass der Verdicchio schon zur Römerzeit bekannt und berühmt war, entwickelte der Mailänder Architekt Antonio Maiocchi eine spezielle Flasche, die an eine etruskische Amphore erinnern soll. Vielen Produzenten war diese Marketingidee aber etwas zu trendig, sie blieben bei den traditionellen Flaschen in Burgunder- oder Rheinweinform.

Muscat Sec Elsass

(HERKUNFT → S. 144)

DER WEIN

Die Familie der Muskateller-Reben ist groß und weit verzweigt. Die Weine reichen von trocken und still (→ S. 154), über lieblich und schäumend (Moscato d'Asti → S. 111) bis zu tief bernsteinfarben und zuckersüß. Vielleicht ist Muscat oder Muskateller die älteste kultivierte Rebsorte überhaupt – schon die Griechen und Römer kannten und priesen sie, früh erreichte sie Frankreich, wo sie sich in alle Richtungen verbreitet hat. Sie liebt die Wärme, treibt früh aus und ist deshalb eher ein Gewächs des Südens. Das Elsass ist berühmt für seine trockenen Muscat-Weine.

Der Geschmack der Muskateller-Traube ist uns von der nah verwandten Tafeltraube her vertraut

DIE VORBEREITUNG

Einkaufen: Auf dem Etikett steht nur »Alsace AOC« oder »Alsace Grand Cru AOC«, ergänzt durch die Angabe Muscat. Falls Sie keinen Elsässer Muscat finden, wählen Sie einen Muskateller aus Baden (Kaiserstuhl, siehe Flasche rechts) oder aus der Pfalz.
Bezugsquelle: Spezialisierter Weinhandel
Preisklasse: 1–2
Alter: 1–2 Jahre nach der Ernte, Muscat kann durchaus mit Gewinn einige Jahre altern
Temperatur: 8–10 °C

Frankreich: Elsass

DIE VERKOSTUNG

Farbe: Helles Gelbgrün, mit der Zeit goldene Reflexe
Duft: Unverwechselbar und intensiv nach Muskateller-Trauben, daneben Rosen, Orangenblüten, Zitronen und vegetabile Aromen.
Geschmack: Mehr als bei irgendeiner anderen Rebsorte schmeckt man beim Muscat den primären Traubengeschmack (→ S. 28). Man meint, geradezu in reife süße Traubenbeeren zu beißen. Der Wein überrascht uns aber mit seiner Trockenheit. Eine nicht allzu prägnante Säure gibt ihm die notwendige Frische. Der Geschmack hallt noch lange im Mund nach (langer Abgang, → S. 24, 152).
Struktur, Charakter: Muscat ist trotz des vollen Geschmacks meist leicht, fein und elegant, manchmal sogar fast luftig-schwebend.

Muskateller wächst auch in Baden, hier bei Staufen im Breisgau

NAMENSGEBUNG

Die Römer nannten die Muskatellertrauben »apianae« – »Bienentrauben« – von apis = die Biene. Offenbar finden auch diese vernaschten Insekten den Duft der Muskateller-Traube unwiderstehlich. Etwas weniger poetisch ist die Herkunft des Namens Muscat, er soll auf »musca«, den lateinischen Namen für die Fliege, zurückgehen.

Riesling Spätlese lieblich

Rheingau

(HERKUNFT → S. 138, REBSORTE → S. 134)

DER WEIN

Die Riesling-Traube mit ihrer aromatischen Frucht und ihrer oft fast messerscharfen Säure ist wie geschaffen für eine gewisse Restsüße (→ S. 154). Im Dreiklang von Frucht, Süße und Säure können sich diese Elemente gegenseitig steigern und ausbalancieren: Die Frucht wird fruchtiger durch die Süße, die Säure bleibt aber klar und frisch, weil die Süße ihre Schärfe zum Genuss macht. Die Süße selbst wird durch die Fruchtaromen der reifen Traube honigartig. Im harmonischen Idealfall bleibt dieser Trapezakt transparent, und das Nachsinnen darüber bereitet dem Weinfreund einen fast intellektuellen Genuss.

Apfelfrische Säure und Apfelaromen finden wir im Riesling fast immer

DIE VORBEREITUNG

Einkaufen: Als Faustregel gilt: wenn nicht ausdrücklich »trocken« auf dem Etikett steht, ist der Wein halbtrocken (9–18 g Zucker pro l) oder lieblich (18–45 g/l), wie wir ihn brauchen. Da diese Angaben nicht vorgeschrieben sind, ist man auf Auskunft angewiesen.
Bezugsquelle: Winzer, Weinhandel
Preisklasse: 1–3
Alter: Mindestens 2–3 Jahre nach der Ernte
Temperatur: 8–10 °C

Deutschland: Rheingau

DIE VERKOSTUNG

Farbe: Helles Gelb mit grünlichen Reflexen
Duft: Äpfel und Pfirsiche, aber auch Aprikosen und Honig
Geschmack: Am Gaumen entfaltet sich das faszinierende Spiel zwischen Säure und Süße, das klar und prägnant sein kann. Dadurch wird der Rheingauer Riesling im Körper (→ S. 30) fester als der sanftere Mosel-Riesling. Eine feine mineralische, fast erdhafte Note macht diese Weine zudem vielschichtig. Sie gewinnen, wie man sagt, Komplexität (→ S. 153) und Geschmackstiefe. Darüber hinaus ist ihr Alkoholgehalt oft erstaunlich niedrig (10 % oder weniger), sie müssen also relativ viel Extrakt besitzen, um nicht dünn und mager zu erscheinen.
Struktur, Charakter: Guter Riesling verbindet Kraft mit Eleganz, aromatische Präsenz mit Durchsichtigkeit und einen fast ätherischen Duft mit Festigkeit. Er strahlt Adel aus.

Ein Winzer bei der Arbeit nahe Rüdesheim im Rheingau

TROCKEN ODER LIEBLICH?

In den letzten beiden Jahrzehnten fanden um die Frage trocken oder lieblich beinahe Religionskriege statt. Wir halten wenig von Propheten mit Gesetzestafeln und freuen uns an der Artenvielfalt der (Wein-)Welt.

Scheurebe Spätlese Pfalz

(HERKUNFT → S. 139)

DER WEIN

Die Scheurebe ist eine von Georg Scheu im Jahr 1916 geschaffene Kreuzung von Silvaner (→ S. 136) und Riesling (→ S. 134). Sie ist die einzige wirklich erfolgreiche weiße deutsche Neuzüchtung des letzten Jahrhunderts und eine echte Bereicherung der deutschen Weinlandschaft. Außer in Deutschland ist sie noch in Österreich (und in England) zugelassen, erbringt aber nur noch in der Steiermark nennenswerte Erträge. Ihre aromatische und (fast zu) säurereiche Art gestattet es, sowohl trockene und halbtrockene wie auch wunderbare edelsüße Weine aus ihr zu keltern. In Deutschland trifft man sie in allen Weinbaugebieten an, die interessantesten Weine kommen aber aus der Pfalz und aus Franken.

Die Scheurebe überrascht uns mit unerwarteten Düften, sogar von schwarzen Johannisbeeren

DIE VORBEREITUNG

Einkaufen: Der Wein soll eine gewisse Restsüße aufweisen, also halbtrocken oder lieblich sein
Bezugsquelle: Winzer, Weinhandel
Preisklassen: 1–2
Alter: 2–3 Jahre nach der Ernte
Temperatur: 8–10 °C

Deutschland: Pfalz

DIE VERKOSTUNG

Farbe: Helles Gold
Duft: Zart und intensiv zugleich. Aromatisch nach schwarzen Johannisbeeren duftend, manchmal sogar nach süßer rosa Grapefruit
Geschmack: Die Säure ist die Stärke der Scheurebe, sie ist frisch und rassig. Es braucht aber einen langen sonnigen Herbst, um ihre Kraft zu zähmen, sonst schmeckt sie zwar immer noch nach Grapefruit, aber ziemlich sauer.
Struktur, Charakter: Man spürt die Verwandtschaft mit dem Riesling. Alles, was links über das Gleichgewicht von Säure und Süße (→ S. 30) gesagt wurde, gilt auch für die Scheurebe. Trotzdem ist sie eine ganz eigenständige Persönlichkeit und meist etwas weicher und voller als der schlanke Vater.

Die Winzerhöfe an der Theresienstraße in Rhodt prägen eines der schönsten Straßenbilder der Pfalz

REBENZÜCHTUNG VON GEORG SCHEU

Georg Scheu (1897–1949) leitete die Landesanstalt für Rebenzüchtung in Alzey (Rheinhessen). Von seinen vielen Neuzüchtungen haben neben der Scheurebe nur noch die Huxel- und die Faberrebe eine größere Bedeutung erreicht.

Die vier Rotweinstile

Von sommerlichen Beeren bis zu herbstlichem Laub

Bardolino Classico Superiore
Merlot del Friuli
Cabernet Sauvignon Chile
St-Emilion Grand Cru

Gegenüber den Weißweinen sind Rotweine um zwei Dimensionen reicher. Der Saft der Trauben wird ergänzt durch Farbe und Extrakt der Schalen, und zum stürmischen Gärprozess tritt das langsame Wirken der Zeit.

Leichte Rotweine (Bardolino):
Hell, beerig, mit frischer Säure und eher tanninarm (→ S. 30, 153) verbinden diese Weine die Qualität weißer Weine mit den Aromen und der Struktur der roten. Sie regen den Appetit an, erfrischen als Aperitif und sind Begleiter des Gesprächs. Die moderne Kellertechnik hat diesem Stil dank Temperaturkontrolle und Kohlensäuremaischung (→ S. 123) qualitativ neue Horizonte eröffnet. Der leichte Rotwein ist ein Kind gemäßigter klimatischer Verhältnisse. Norditalien, Burgund und Deutschland sind seine Heimatländer.

Mittelschwere Rotweine (Merlot del Friuli):
Dieser Stil ist das Erfolgsmodell schlechthin. Überall auf der Welt wird er gepflegt, und die Rebsorten, die ihm zugrunde liegen, sind ungezählt. Aus der Neuen Welt kommt die Tendenz zu leichter zugänglichen, eher jugendlichen und fruchtbetonten Weinen. Sie hat einen weichen, mittelschweren Weintyp geschaffen, der auch die traditionellen Weine des alten Europa revolutioniert hat.

Schwere Rotweine (Cabernet Sauvignon):
Extrakt (→ S. 153), Alkohol und Frucht machen diese Weine »schwer«. Die Cabernet-Traube (→ S. 128) hat kleine dickschalige Beeren, aus denen man tanninreiche Weine mit schwarzdunkler Farbe keltern kann. Ähnliches gilt für die Syrah-Traube (→ S. 131). Diese Kraft wurde in der alten Welt durch längere Lagerung gezähmt, in der Neuen Welt dagegen durch die Süße der Frucht. Schwere Rotweine stammen generell aus heißen Gegenden mit kühlenden Randbedingungen (Meer, Winde).

Reife schwere Rotweine (St-Emilion):
Modern sind diese Weine nicht und schon gar nicht modisch. Ihr Stil ist klassisch, gepflegt und zeitlos. Man plant den Einkauf, die Lagerung und den Tag des Genusses oft Jahre im Voraus. Das bringt es mit sich, dass der Weinliebhaber meist erst nach einer gewissen Zeit Bekanntschaft mit ihnen schließt. Oft ist es auch nicht Liebe auf den ersten Schluck, zu ungewohnt sind die Aromen der Reife für den zu Frucht erzogenen Gaumen. Später aber wächst das Verständnis und damit der Genuss.

Und was kommt auf den Teller?

Es ist nicht einfach, zu diesen vier Weinen ein Abendessen zu kombinieren, liegen die Stile und ihr Anspruch doch sehr weit auseinander. Dennoch ist es reizvoll, das scheinbar Unmögliche zu versuchen. Vielfältige Anregungen für weitere Kombinationen finden Sie bei diesen Weinproben: leichte Rotweine (→ S. 82 ff.), mittelschwere Rotweine (→ S. 88 ff.), schwere Rotweine (→ S. 94 ff.) und reife schwere Rotweine (→ S. 100 ff.)

Vorspeisen

Bardolino:
Luftgetrockneter Schinken, Salami, Quiches und Pasta mit Fleisch- oder Pilzsauce, zu den beiden letztgenannten schmeckt auch der **Merlot**.

Hauptgang

Merlot, Cabernet Sauvignon, St-Emilion:
Gebratenes oder geschmortes Fleisch (etwa Rind oder Lamm), gebratene Gans oder Ente

Käse

Cabernet Sauvignon und **St-Emilion:**
Sie lassen sich nicht mit Käse kombinieren. Am besten passt Brie oder Camembert, zu denen auch der **Merlot** schmeckt.

Und wenn niemand kochen will?

Schinken, Terrinen und Pasteten aus Geflügel, Leber und Wild

Bardolino Classico Superiore

(HERKUNFT → S. 142)

DER WEIN

Das Bardolino-Gebiet erstreckt sich über eine Landschaft von Moränenhügeln am Südostufer des Gardasees rund um das Städtchen Bardolino. Weine aus der traditionellen Hügelzone am See dürfen den Zusatz »Classico« führen. Dort herrscht ein spezielles Mikroklima, das dem Bardolino seinen ganz eigenen verführerischen Charakter schenkt. Der Anbau wurde aber leider weit nach Süden ausgedehnt und damit auch der Charakter des Weins verwässert.
Für die Herstellung des Bardolino dürfen sieben verschiedene Traubensorten verwendet werden. Die wichtigsten sind: Corvina Veronese (35–65 %), Rondinella (10–40 %) und Molinara (10–20 %). Dies sind fast die gleichen Traubensorten wie beim Valpolicella, der weiter östlich auf Kalkböden angebaut wird. Bardolino mit dem Zusatz »Superiore« muss bis zum November des folgenden Jahres reifen. Nach dem Vorbild des Beaujolais Nouveau wird mit Erfolg ein »Bardolino Novello« hergestellt, der vor dem Jahresende abgefüllt sein muss.

Kirschenduftig erfrischt uns der Bardolino

DIE VORBEREITUNG

Einkaufen: Der Bardolino ist leider auch ein banaler Massenwein für Touristen geworden, deshalb Vorsicht beim Einkauf. Wählen Sie einen Wein mit der Bezeichnung »Superiore« oder »Cassico Superiore«.
Bezugsquelle: Weinhandel, Supermarkt (mit Vorsicht)
Preisklasse: 1–2
Alter: ab November im Jahr nach der Ernte erhältlich, jung am besten
Temperatur: 10–12 °C

Italien: Veneto

DIE VERKOSTUNG

Farbe: Helles Granat- bis Rubinrot, oft fast so hell wie ein dunkler Rosé
Duft: Zart, fein, delikate Frucht (Kirschen, Himbeeren), blumig (Rosen, Holunder), Mandeln
Geschmack: Trocken, leicht bitter, frische, aber milde Säure, manchmal etwas Pfeffer
Struktur, Charakter: Mit seinem harmonischen und schlanken Charakter bietet der Bardolino ein unbeschwertes Trinkvergnügen.

Das Städtchen Bardolino – im Hintergrund schimmert der Gardasee

BARDOLINO UND VALPOLICELLA

Sehr interessant ist der Vergleich mit einem Valpolicella: gleiche Rebsorten, vergleichbares Klima, aber völlig verschiedene Böden, die die Wärme ganz unterschiedlich speichern. Wenn Sie mögen, können Sie diese Weinprobe ohne weiteres um diesen Wein ergänzen (→ S. 87).

Merlot del Friuli

(HERKUNFT → S. 142, REBSORTE → S. 129)

DER WEIN

Merlot erobert nicht nur in der Neuen Welt die Herzen der Weinfreunde im Sturm. Er ist einschmeichelnd und weich, sanft und marmeladig. Diese Kombination schmeckt auf Anhieb und erfordert kaum Anstrengung. Alles kommt nun auf den Produzenten an. Er verleiht dem Wein die Persönlichkeit und die Struktur. In Nordostitalien und besonders im Friaul gibt es seit einigen Jahren eine wachsende Zahl von Winzern, die genau dieses Ziel verfolgen. Früher war Merlot hier der einfache, etwas krautig schmeckende Trinkwein, der die Verdauung unterstützte. Heute gibt es diesen immer noch, deshalb ist der Kauf im Supermarkt etwas riskant.

Dunkle Früchte bestimmen das Aromabild des Merlot

DIE VORBEREITUNG

Einkaufen: Wenn Sie keinen Wein aus dem Friaul finden, wählen Sie einen Merlot aus dem Trentino, aus Südtirol oder dem Veneto.
Bezugsquelle: Weinhandel
Preisklasse: 3–5
Alter: 3–4 Jahre nach der Ernte. Diese Weine gewinnen nicht wesentlich durch längere Lagerung. Sie besitzen zu wenig Tannin (→ S. 30, 153) und verlieren mit dem Alter ihren schönsten Schatz: die Fruchtigkeit.
Temperatur: 14–16 °C

Italien: Friaul

DIE VERKOSTUNG

Farbe: Mittelkräftiges bis dunkles Rubinrot
Duft: Duftig, dunkle Früchte (Pflaumen, Heidel- und Brombeeren), Gewürze (Zimt, Nelken), eventuell sogar Schokolade
Geschmack: Saftig, bei nicht allzu starker Säure und niedrigem Tannin (→ S. 30, 153). Weich und geschmeidig, samtig
Struktur, Charakter: Merlot kann viele Gesichter haben. Bei hohen Erträgen wird er dünn und »grün«, bei Ertragsbeschränkung (→ S. 153) und voller Reife wird er dagegen reich und komplex mit einem weichen, aber trotzdem wohl geformten Körper (→ S. 30). Er verführt und schmeichelt.

Sanfte Hügel prägen die Landschaft des Friaul

MERLOT IN ITALIEN

Als Napoleon die Österreicher aus der Lombardei und ganz Oberitalien vertrieb, hat er unter anderen französischen Kulturgütern auch die Merlot-Rebe aus dem Bordelais mit nach Italien gebracht.

Neben dem »Leitaroma« schwarze Johannisbeeren finden wir im chilenischen Cabernet noch viele andere Beerendüfte

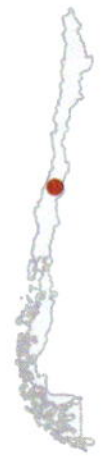

Chile: Zentraltal

Das warme Aconcagua-Tal in Chile ist berühmt für seinen Cabernet

Cabernet Sauvignon

Chile

(HERKUNFT → S. 151, REBSORTE → S. 128)

DER WEIN

Die Heimat des Cabernet liegt im Bordelais. Seine strenge und trockene Art verhindert dort einen reinsortigen Wein (→ S. 154). Er wird deshalb mit dem weichen und fleischigen Merlot verschnitten (→ S. 154) und mit dem aromatischen Cabernet Franc ergänzt. In der Neuen Welt dagegen besitzt der Cabernet meist selbst genügend reife Frucht und sanften Schmelz, um reinsortig gekeltert zu werden. So entstehen in Chile fruchtsüße, tiefdunkle Cabernets mit weichen Tanninen (→ S. 30, 153), die schon früh ihre Trinkreife erreichen und zu einem erstaunlichen Preis einen wunderbaren Genuss bereiten können.

DIE VORBEREITUNG

Einkaufen: Das Angebot ist groß und meist von zuverlässiger Qualität. Das Preis-Leistungs-Verhältnis ist oft hervorragend.
Bezugsquelle: Weinhandel, Supermarkt
Preisklasse: 2–3
Alter: Meist 2 Jahre nach der Ernte bereits trinkreif. Der Zauber dieser Weine liegt in ihrer jugendlichen Frucht und Süße.
Temperatur: 16–18 °C

DIE VERKOSTUNG

Farbe: Tiefes, leuchtendes Rubinrot, wohl der farbintensivste Wein dieser Runde
Duft: Intensives »süßes« Fruchtbouquet (→ S. 152) aus schwarzen Johannisbeeren, Brombeeren und Pflaumen, grüner Paprika, Karamell
Geschmack: Weiche Tannine (→ S. 30, 153) und wenig Säure, dafür runde, volle Fruchtsüße
Struktur, Charakter: Die chilenischen Cabernets sind zwar wunderbar weich, lassen aber manchmal eine klare Struktur vermissen. Sie wirken üppig und verführerisch, doch wie im wirklichen Leben kann auch beim Wein allzu viel Schönheit auf die Dauer langweilig werden.

CHILE UND SEINE REBEN

Chile ist eine Art botanisches Rebenmuseum am anderen Ende der Welt. Da dieses Land nie von der Reblaus heimgesucht wurde, konnten hier wurzelechte direkte Abkömmlinge der alten europäischen Rebsorten bis heute überleben. So gehen auch die chilenischen Cabernets auf Pflanzen zurück, die hier vor der Reblauskatastrophe Mitte des 19. Jahrhunderts aus Bordeaux eingeführt wurden (→ S. 150).

St-Emilion Grand Cru

(HERKUNFT → S. 146, REBSORTEN → S. 128, 129, 132)

DER WEIN

Die Weinberge liegen um das kleine mittelalterliche Städtchen Saint-Emilion herum – etwa 30 km östlich von Bordeaux am Rand einer Hochebene, die zum Tal der Dordogne abbricht. Im Gegensatz zum Médoc auf der linken Seite des Flussmündung der Gironde dominiert in den Weinen aus Saint-Emilion der Merlot. Ergänzt wird er von Cabernet Franc und Cabernet Sauvignon. Der Merlot bringt die weiche Frucht, die beiden Cabernets Würze und Tanningerüst (→ S. 30, 153). Die Weine sind daher weicher und fülliger und meist auch etwas früher reif als die im Médoc. Um ihre Genussreife zu erlangen, benötigen sie trotzdem vier bis fünf Jahre, in guten Jahrgängen bis zu zehn Jahre. Auch dann können sie noch viele Jahre mit Gewinn gelagert werden.

DIE VORBEREITUNG

Einkaufen: Verwechseln Sie nicht die »Grands Crus Classés« (insgesamt 55 Châteaux) mit den meist sehr viel teureren »1ers Grands Crus Classés« (davon gibt es nur 13).
Bezugsquelle: Weinhandel (oder der Weinkeller des Schwiegervaters)
Preisklasse: 5–6
Alter: Mindestens 6 Jahre nach der Ernte
Temperatur: 16–18 °C

DIE VERKOSTUNG

Farbe: Leuchtendes Rubin, in der Jugend mit granatroten Reflexen
Duft: Intensiv nach roten Früchten, aber auch nach gekochten Pflaumen und Blumen. Mit der Reife kommen Leder-, Unterholz- und Waldaromen dazu. Diese Weine werden für einige Monate in kleinen Eichenfässern ausgebaut (→ S. 152), dadurch erhalten sie würzige Vanille- und Toastnoten.
Geschmack: Die Duftaromen finden sich im Geschmack wieder. Das Tannin (→ S. 30, 153) reift nach einigen Jahren zu verführerischer Süße.
Struktur, Charakter: Voll, fest und fleischig, das kräftige Tannin gibt eine schöne Struktur. Die Weine sind großzügig und kräftig, strahlen dabei aber eine schöne Heiterkeit aus, die sie deutlich von den ernsten und majestätischen Weinen aus dem Médoc unterscheidet.

WEINKLASSIFIKATION

Die Klassifikation der Weine von Saint-Emilion ist relativ jung (aus dem Jahr 1955), wird alle zehn Jahre überprüft und neu festgelegt. Die Klassifikation im Médoc wurde schon 1855 anlässlich der Weltausstellung von Paris im Auftrag von Napoleon III. durchgeführt.

Die Klassifikation Grand Cru Contrôlée ist auf dem Etikett immer klar ersichtlich

Frankreich: Bordeaux

Häuser und Kirche der schönen kleinen Stadt St-Emilion

Vier leichte Rotweine

Himbeeren und Johannisbeeren

Bandol Rosé
Beaujolais-Villages
Lemberger Württemberg
Valpolicella Superiore

Die Mitglieder dieser Familie werden oft unterschätzt, einige sogar herablassend belächelt. Sie sind meist unkompliziert, dafür aber liebenswürdig und gesellig. Ihre Frucht und Frische erfreut oft wie bei einem Weißwein, ihre weinige Duftigkeit strömt aber wie eine Brise aus dem Rotweinland um unsere Nase. Wer sich auf sie einlässt, erlebt fröhliche unbeschwerte Stunden, manchmal auch überraschende Augenblicke von unerwarteter Ernsthaftigkeit und Nachdenklichkeit. Die drei Rotweine stammen aus drei verschiedenen Ländern – Frankreich, Deutschland und Italien. Ob und wie sich darin der jeweilige Nationalcharakter spiegelt, darüber lässt sich trefflich diskutieren.

Ein Rosé erscheint oft als Kompromiss zwischen »richtigen« Rot- und Weißweinen. Dass er als eigenständige Persönlichkeit neben den anderen Rotweinen bestehen kann, sehen Sie nicht nur bei der Verkostung, sondern gerade auch beim Aperitif und beim Essen. Und aufgepasst: er ist sicher der alkoholstärkste Wein der Runde.

Und was kommt auf den Teller?

Weinprobe und anschließendes Essen schmecken am besten an einem schönen Sommerabend im Garten.
Der Rosé ist ein wunderbarer Aperitif mit einem provenzalischen Touch. Dazu servieren Sie einfach ein paar Oliven und Anchovis.

Vorspeisen

Rosé und Beaujolais:
Salami, luftgetrockneter Schinken, Aufschnitt von kaltem Braten und Hausmacherwurst, Quiches
Rosé:
Gegrillte Garnelen mit Knoblauch, Artischocken

Hauptgang

Beaujolais, Lemberger und Valpolicella:
Gebratenes Kaninchen und Geflügel; auch Schwein und Kalb harmonieren hervorragend, wenn sie nicht zu scharf gewürzt und die Saucen nicht zu üppig sind.
Wer experimentieren möchte, sollte diese Weine auch einmal mit gebratenen Süßwasserfischen kombinieren.
Rosé:
Bouillabaisse (französische Fischsuppe)
Beaujolais und Lemberger:
Wunderbar mit Leber (Geflügel, Kalb, Schwein)

Käse

Alle Weine:
Milde, vorzugsweise junge Schnittkäse. Weichkäse wie Brie und Camembert, aber auch kräftiger Hartkäse (Pecorino)
Beaujolais:
Ziegenkäse

Und wenn niemand kochen will?

Stellen Sie ein reichhaltiges Picknick mit einer bunt gemischten Wurstplatte zusammen.

Bandol Rosé

(HERKUNFT → S. 146)

DER WEIN

Die Hauptrebsorten sind Grenache und Cinsault, neben Mourvèdre, Syrah (→ S. 131) und auch weißen Rebsorten. Besonders die hier heimische Mourvèdre verleiht dem Wein seine charakteristische Persönlichkeit. Sie gibt nicht nur diesem Rosé, sondern vielen Rotweinen Südfrankreichs und Spaniens Kraft, Tannin (→ S. 30, 153), intensive Frucht und aromatische Noten von Brombeeren. Die Appellation Bandol liegt in der Provence östlich von Marseille und nahe der Stadt Toulon in einem von Hügeln umgebenen Talkessel. 60 % der Produktion sind Rosés, daneben wird auch etwas Rotwein und wenig Weißwein gekeltert.

DIE VORBEREITUNG

Einkaufen: Auf dem Etikett steht für Weiß-, Rosé- und Rotweine gleichermaßen »AOC Bandol«. Da die Flaschen des Rosé aber immer durchsichtig sind, erkennt man die Weinfarbe sofort.
Bezugsquelle: Weinhandel, Supermarkt
Preisklasse: 1–2
Alter: Dank des Mourvèdre-Anteils können diese Weine mit Gewinn bis zu 3 Jahren altern.
Temperatur: 10–12 °C

DIE VERKOSTUNG

Farbe: Lachsrosa bis helles Rot
Duft: Ganz typisch ist der Duft nach Pfirsichen, Aprikosen und roten Beeren. Manchmal wird er auch noch bereichert und vertieft mit Ananasdüften und der Frische von Kräutern wie Minze.
Geschmack: Leicht und frisch, aber keinesfalls dünn. Guter Bandol kann einen schönen kräftigen Körper (→ S. 30) besitzen. Das bewirkt auch der relativ hohe Alkoholgehalt (bis 14 %).
Struktur, Charakter: Der Mourvèdre-Anteil kann den Tanningehalt (→ S. 30, 153) erhöhen, dadurch bekommt der Wein mehr Struktur und Gehalt. Man trinkt ihn gerne in den Ferien zum Mittagessen. Er erfrischt und macht anschließend eine Siesta unausweichlich.

ROSÉHERSTELLUNG

Ein roséfarbener Wein entsteht in der Regel aus roten Trauben. Der Most wird nur kurz zusammen mit den Traubenschalen vergoren und dann abgepresst (→ S. 122). So lösen sich nicht allzu viel Farbstoff und Tannin (→ S. 30, 153) aus den Schalen. Ein anderes Verfahren wird beim Rosé Champagner angewendet: Man mischt ganz einfach Rot- und Weißwein.

Bandol Rosé duftet nach frischen Sommerfrüchten

Frankreich: Provence

Ein provenzalisches Mittagessen unter schattigen Bäumen ist wie geschaffen für den Rosé

Beaujolais-Villages

(HERKUNFT → S. 144, REBSORTE → S. 132, HERSTELLUNGSVERFAHREN → S. 123)

DER WEIN

Beaujolais wird zu 100% aus der Rebsorte Gamay gekeltert. 38 Gemeinden in der sanften Hügellandschaft im Norden des Gebiets dürfen sich »AOC Beaujolais-Villages« nennen. Sie stehen qualitativ meist deutlich über der einfachen »AOC Beaujolais« im Süden. Die Spitze bilden zehn Gemeinden, die ihren eigenen Namen als AOC auf dem Etikett tragen. Diese nennt man die Crus. Der Unterschied zwischen Süd und Nord liegt vor allem im Terroir (→ S. 154): tonige Sedimentgesteine im Süden gegenüber magerem Granitsand im Norden. Zum Herstellungsverfahren siehe »Kohlensäuremaischung« (→ S. 123).

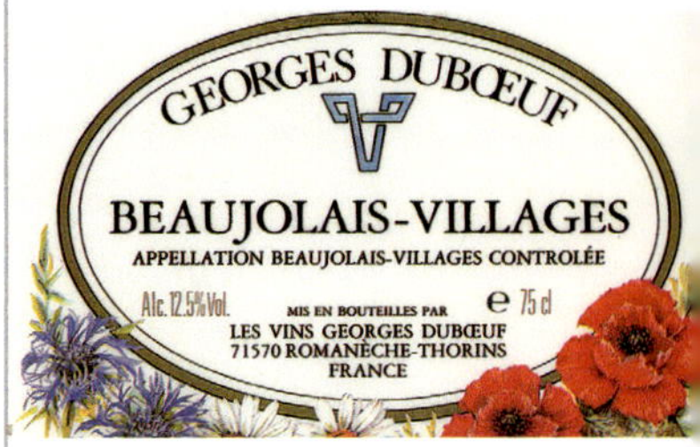

Beaujolais-Villages stammt aus dem qualitativ besseren Norden des Gebiets

DIE VORBEREITUNG

Einkaufen: Es sollte schon ein »Villages« sein. Bei den einfachen AOC-Beaujolais ist die Qualität zu unsicher, die höherwertigen »Crus« hingegen gehören nicht mehr in die Familie der leichten Rotweine.
Bezugsquelle: Weinhandel, Supermarkt nur mit Beratung
Preisklasse: 1–2
Alter: 1–3 Jahre nach der Ernte
Temperatur: 12–14 °C

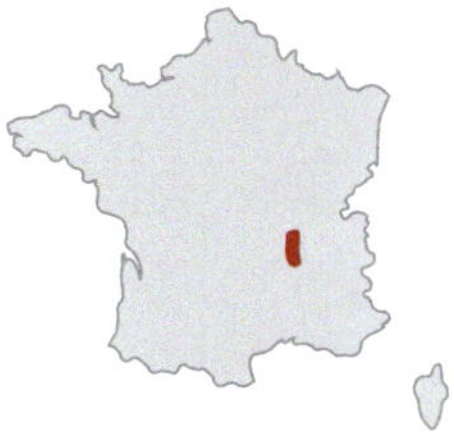

Frankreich: Beaujolais

DIE VERKOSTUNG

Farbe: Lebhaftes, intensives Rubinrot. Die Farbe kann je nach Terroir (→ S. 154) relativ stark differieren.
Duft: Aromen von roten Beeren (Erdbeeren, Himbeeren), Kirschen und Birnen, auch blumige Noten, manchmal Bananen (besonders im Beaujolais Nouveau)
Geschmack: Frische Säure, wenig Tannin (→ S. 30, 153) und Alkohol, würziger Gesamteindruck
Struktur, Charakter: Leichter Körper (→ S. 30), der allerdings wie die Farbe stark variieren kann. Der Charme dieses Weins liegt in der frischen Fruchtigkeit und jugendlichen Lebendigkeit.

BEAUJOLAIS NOUVEAU

Am dritten Donnerstag im November, keine acht Wochen nach der Lese, kommt der Beaujolais Nouveau (oder Primeur) auf den Markt. Dafür opfert das Gebiet fast die Hälfte seiner Ernte. Die Popularität dieser im Hauruckverfahren hergestellten Weine ist offenbar beim Beaujolais wieder im Sinken, dafür haben sich andere Regionen leider von seinem Marketingerfolg anstecken lassen (z. B. Vino Novello im Bardolino-Gebiet → S. 78).

Jugendliche Beerenfrucht ist die Stärke des Beaujolais

Auf dem Etikett sollte der Hinweis auf Erzeuger- oder Gutsabfüllung zu finden sein

Deutschland: Württemberg

Lemberger schmeckt fruchtig und saftig wie frisch gepflückte Kirschen

Lemberger Württemberg

oder Blaufränkisch (Burgenland)

(HERKUNFT → S. 139)

DER WEIN

Das Hauptanbaugebiet dieser Rebsorte liegt im österreichischen Burgenland, von wo sie wohl auch stammt. Dort heißt sie Blaufränkisch. In Deutschland wächst sie fast ausschließlich entlang des Neckartals in Württemberg, ist aber vereinzelt schon in andere Gebiete vorgedrungen. Bestände gibt es auch bis nach Ungarn und im Washington State. Der Lemberger gehört sicher zu den hochwertigsten einheimischen roten Rebsorten und ist oft dem Spätburgunder ebenbürtig oder sogar überlegen. Selbst dem »Kultwein« der Schwaben, dem Trollinger, kann er als Verschnittpartner (→ S. 154) Farbe, Körper und Stil verleihen.

DIE VORBEREITUNGEN

Einkaufen: Achten Sie auf eine Erzeugerabfüllung
Bezugsquelle: Weinhandel, Winzer, Supermarkt
Preisklasse: 1 – 2
Alter: Jung bietet er ein schönes Trinkvergnügen, er kann aber gut ein paar Jahre mit Gewinn altern
Temperatur: 12 – 14 °C

DIE VERKOSTUNG

Farbe: Mittelkräftiges bis dunkles Rubinrot
Duft: Ausgeprägt fruchtig: Kirschen, rote und schwarze Beeren
Geschmack: Angenehm präsente Säure, reich an Tannin (→ S. 30, 153), würzig und herb. Der Körper (→ S. 30) kann beim Lemberger schon voller sein als bei einem wirklich leichten Wein
Struktur, Charakter: Samtig, körperreich (→ S. 30)

REBEN MIT VARIATIONEN

Im österreichischen Pöttelsdorf wächst eine lokale Variante mit dem Namen Blaufränkischer Bismarckswein, zum Gedenken an die Vorliebe des deutschen Reichskanzlers für diesen Wein.
Im Gefolge der deutschen Kolonialpolitik kam er sogar bis nach China, wo noch heute rund 1000 ha Lemberger stehen sollen.
In Bulgarien nennt man ihn Gamé, was auf dem verbreiteten Irrtum beruht, er sei mit dem Gamay des Beaujolais identisch.

Valpolicella Superiore

(HERKUNFT → S. 142)

DER WEIN

Valpolicella wird wie der Bardolino (→ S. 78) aus den lokalen Rebsorten Corvina Veronese, Rondinella und der etwas leichteren Molinara gekeltert. Er wächst unmittelbar nördlich von Verona auf steilen Hügelterrassen. Das traditionsreiche Herz der Zone heißt Valpolicella Classico. Wenn der Wein 12% Alkohol aufweist und ein Jahr gelagert wurde, darf er den Zusatz »Superiore« tragen. Da die besten Trauben in der Regel für den Amarone (gleiche Rebsorten, gleiche Zone → S. 99) und den Valtellina Superiore verwendet werden, bezeichnen Einheimische den einfachen Valpolicella auch als »doppelt entrahmte Milch«.

Der Valpolicella verströmt neben fruchtigen auch blumige Aromen

DIE VORBEREITUNG

Einkaufen: Wenn Sie einen Valpolicella Classico finden, geben Sie diesem den Vorzug
Bezugsquelle: Weinhandel, Supermarkt
Preisklasse: 1–2
Alter: 1–2 Jahre nach der Ernte
Temperatur: 12–14 °C

DIE VERKOSTUNG

Farbe: Mittelkräftiges Rubinrot
Duft: Kirschen, blumige Düfte (Rosen), Pfeffer, Bittermandeln
Geschmack: Würzig, angenehmer Bitterton im Abgang (→ S. 24, 152), mittlerer Körper (→ S. 30)
Struktur, Charakter: Samtig, weich und trotzdem erfrischend. Der Valpolicella ist ein warmer, liebenswürdiger und herzhafter Trinkwein.

Italien: Veneto

RIPASSO

Beim Amarone (→ S. 99) werden Sie einen völlig anderen Wein aus der gleichen Gegend und aus den gleichen Rebsorten kennen lernen. Die Winzer haben aber seit langer Zeit ein Verfahren entwickelt, um den normalen Valpolicella an den Vorzügen seines großen Verwandten teilhaben zu lassen: Wenn der Amarone im Frühjahr gepresst wird, ist der junge Valpolicella eigentlich schon fertig. Man vereinigt nun die Maische des Amarone mit dem Jungwein, wodurch dieser nochmals zu gären beginnt. Man nennt dieses Verfahren Ripasso. Die nun wesentlich kräftigeren und haltbareren Weine bekommen dadurch auch den notwendigen Alkoholgehalt für einen Valpolicella Superiore.

Im Valpolicella-Gebiet werden die Reben traditionellerweise in einfachen Lauben oder in Pergolaform erzogen

Vier mittelschwere Rotweine

Rote Beeren und schwarze Früchte

Spätburgunder Baden
Côte de Beaune
Chianti Classico
Coteaux du Languedoc

Diese Rotweinfamilie besteht aus lauter Verführern: Viel Frucht – Himbeeren und Erdbeeren, Kirschen und Pflaumen – lässt einem das Wasser im Mund zusammenlaufen. Weiches Tannin (→ S. 30, 153) und eine oft angenehm frische Säure machen mittelschwere Rotweine zu wunderbaren Begleitern zu fast jedem Essen. Sie sind gehaltvoll und weich und trotzdem nicht allzu schwer.

Die traditionsreichsten Weinregionen der Alten Welt haben vor allem den Stil der mittelschweren Rotweine gepflegt und damit ganz unverwechselbare Persönlichkeiten geschaffen: den Chianti, den Burgunder, den Spätburgunder.

Über Jahrhunderte haben diese Weine gleichermaßen die Tafel der Reichen und den Tisch der Armen geschmückt und sich dabei innig mit der Kultur und Natur ihrer Herkunft vermählt. Sie waren immer Begleiter der Mahlzeiten und finden daher in der regionalen Küche die ideale Ergänzung. Als Allrounder vermeiden sie die Extreme, wollen nicht dominieren, sondern den Gerichten auf dem Teller dienen oder in einen Dialog mit ihnen treten. Deshalb ist es bei dieser Familie auch ganz besonders wichtig, dass wir sie nach der Verkostung auch noch in ihrer »natürlichen« Umgebung, also zusammen mit einem Essen erfahren und genießen.

Und was kommt auf den Teller?

Ideal wäre natürlich zu jedem Wein ein passendes regionales Gericht. Da dies in den meisten Fällen wohl nicht möglich ist, muss man mit Fantasie und den eigenen Vorlieben entsprechend ein Abendessen zusammenstellen, das möglichst viele Aspekte mit einbezieht.

Vorspeisen

Spätburgunder, Côte de Beaune, Chianti Classico:
Terrinen, Pasteten, kalter Braten
Chianti Classico:
Italienische Pasta, vor allem mit Tomatensauce
Der **Coteaux du Languedoc** ist als Begleiter zur Vorspeise etwas weniger geeignet.

Hauptgang

Coteaux du Languedoc und Chianti:
Geschmorte und gebratene Rindfleisch- und Lammgerichte
Burgunder und Spätburgunder:
Wildgerichte, Geflügel (gebratene Gans, Ente, Perlhuhn). Auch Rindfleischragouts und Gulasch harmonieren. Die Zubereitungsart kann sich ganz an den Weinen orientieren (eher italienisch mit mediterranen Gewürzen oder französisch, zum Beispiel nach Burgunderart).
Chianti Classico:
Einen Versuch mit gebratenem Mittelmeerfisch mit Tomatensauce sollten Sie sich gönnen.

Käse

Chianti Classico:
Hartkäse (besonders natürlich Pecorino)
Côte de Beaune:
Wunderbar zu fetten Rohmilch-Weichkäsen (z. B. Epoisses)
Coteaux du Languedoc:
Ziegenkäse (z. B. Brin d'Amour)

Und wenn niemand kochen will?

Kalte Platte mit geräuchertem oder luftgetrocknetem Schinken, Roastbeefaufschnitt, Käse (wie oben), Grissini und verschiedene Brote

Vielerlei Gewürznoten wie Zimt kann man im Duft des Spätburgunders entdecken

Deutschland: Baden

Die alten Terrassen des Kaiserstuhls wurden zu einem modernen Weinbaugebiet umgestaltet

Spätburgunder Baden
(Kaiserstuhl oder Tuniberg)

(HERKUNFT → S. 139)

DER WEIN

Spätburgunder ist die meistangebaute rote Rebsorte Deutschlands. Obwohl sie in praktisch allen Regionen vorkommt, liegt ihr Schwerpunkt doch in Baden (ein Drittel der Rebfläche) und an der Ahr. Bis vor kurzem waren Rotweine der Spitzenklasse in Deutschland eher selten, ein großer Teil der Ernte dieser aristokratischsten aller Trauben wurde zu einfachem Weißherbst (Rosé) gekeltert. Diese Zeiten sind zwar noch nicht ganz vergangen, aber ein fast revolutionärer Wandel hat die deutschen Winzer das Potenzial des eigenen Terroir (→ S. 154) für Rotweine entdecken lassen.

DIE VORBEREITUNG

Einkaufen: Weine vom Kaiserstuhl und vom Tuniberg wählen
Bezugsquelle: Weinhandel, Winzer
Preisklasse: 2–3
Alter: 2–3 Jahre nach der Ernte
Temperatur: 14–16 °C

DIE VERKOSTUNG

Farbe: Helles Purpur, später leuchtendes Rubinrot
Duft: Himbeeren, Kirschen, Rosen, Gewürze (Pfeffer, Zimt), Leder, Karamell
Geschmack: Oft durch die Fruchtigkeit fast süß, gute saftige Säure, eher wenig Tannin (→ S. 30, 153)
Struktur, Charakter: Frucht und Säure machen den Reiz des Spätburgunders aus. Wenn der Winzer es versteht, dieses Gleichgewicht zu halten und zu intensivieren, können auch in Deutschland beeindruckende Weine entstehen.
Der Vergleich mit dem Côte de Beaune zeigt, wie unterschiedlich Weine einer Traube aus ähnlicher geografischer Breite, aber von unterschiedlichen Böden und Klimabedingungen werden können.

KAISERSTUHL

Der Kaiserstuhl ist eine geologische Kuriosität, gehört er doch weder zum Schwarzwald noch zu den Vogesen. Er liegt wie eine Insel mitten in der Oberrheinischen Ebene. Innerhalb von Millionen von Jahren hat sich hier in drei Ausbruchphasen ein geologisch vielfältiges Vulkangebirge aufgebaut, von dessen Mineralienreichtum noch heute die Reben und letztendlich die Weingenießer profitieren.

Côte de Beaune

(HERKUNFT → S. 144, REBSORTE → S. 130)

DER WEIN

Die Côte de Beaune ist der südliche Teil der Côte d'Or, dem Juwel Burgunds, einem steilen Abbruch am Westrand des Tals der Saône. Er besteht aus versteinertem Meeresgrund, der sich vor etwa 150 Millionen Jahren gebildet hat, ist vielfach gegliedert und bildet eine Fülle von geologisch und klimatisch sehr unterschiedlichen Lagen. Diese reichhaltigen Gesteine wurden schon in vorchristlicher Zeit als idealer Boden für überaus feine Weine entdeckt. Alle Rotweine der Cote d'Or werden zu 100% aus der Pinot-Noir-Rebe gekeltert.

DIE VORBEREITUNG

Einkaufen: Wir empfehlen einen Wein aus den Gemeinden Volnay, Aloxe-Corton oder Beaune
Bezugsquelle: Weinhandel, Supermarkt nur mit Beratung
Preisklasse: 3–4
Alter: 3–4 Jahre nach der Ernte
Temperatur: 14–16 °C

Keine Seltenheit ist Herbstlaub im Duft des Burgunders

DIE VERKOSTUNG

Farbe: Die Pinot-Noir-Traube ergibt helle, kirsch- bis rubinrote Weine. Ziegelfarbene Reflexe können schon bei jüngeren Weinen entdeckt werden.
Duft: Kirschen und rote Beeren (Himbeeren, Erdbeeren). Besonders attraktiv können bei schon etwas reiferen Weinen Düfte sein, die an Walderde, Laub, Pilze, Leder und Karamell erinnern.
Geschmack: Man spürt oft eine schöne Fruchtsüße. Junge Weine werden meist durch ein kräftiges Tannin (→ S. 30, 153) geprägt, das mit der Reife weich und samtig wird. Dann aber sind sie sanft, würzig und voll herrlicher Beerenaromen. Einen wirklich reifen Burgunder verkosten wir bei den reifen schweren Rotweinen (→ S. 102).
Struktur, Charakter: Diese Weine sind nicht besonders körperreich (→ S. 30), sie bestechen uns weniger durch Muskeln als durch Finesse und Eleganz. Sie sind feingliedrig, vornehm und voll verführerischem französischem Charme.

Frankreich: Côte d`Or

Die Pracht der glasierten Ziegel des Hôtel-Dieu in Beaune steht für Eleganz und Reichtum

ADEL UND LEBENSLUST

Wir können in dieser Verkostungsrunde sehr schön den vornehmen Adel und die Eleganz des nördlichen Burgund mit der vitalen, südländischen Lebenslust eines Chianti Classico vergleichen: Zwei Landschaften, zwei Klimazonen, zwei Traditionen, zwei fast gegensätzliche Lebensstile – und alles finden wir wieder im Charakter des Weins.

Der »Gallo nero«, der schwarze Hahn, ist das Markenzeichen des Chianti Classico

Italien: Chianti Classico Zone

Die toskanische Landschaft vermittelt südliche Lebensfreude

Chianti Classico

(HERKUNFT → S. 143, REBSORTE → S. 132)

DER WEIN

Der Chianti Classico stammt aus dem historischen Hügelgebiet zwischen Florenz und Siena, dem Kerngebiet der viel umfangreicheren Chianti-Zone. Von dieser Landschaft geht die Magie aus, die uns Nordeuropäer so unwiderstehlich in die Toskana zieht. Etwas davon finden wir in jedem Glas dieses Weins wieder.

Haupttraubensorte ist der Sangiovese (85–100%). Der Rest kann aus einer ganzen Reihe einheimischer und fremder Sorten bestehen. Bis vor wenigen Jahren durften sogar weiße Trauben verwendet werden, um den Wein »süffiger« zu machen. Das ist heute nicht mehr erlaubt.

DIE VORBEREITUNG

Einkaufen: Die qualitative und stilistische Vielfalt ist groß. Hüten Sie sich vor allzu billigen Angeboten.

Bezugsquelle: Weinhandel, Supermarkt (hier gibt es durchaus gute Chianti zu kaufen, achten Sie aber auf eine Erzeugerabfüllung, → S. 143, 153)

Preisklasse: 1–3

Alter: Jung am besten, 2–3 Jahre nach der Ernte

Temperatur: 14–16 °C

DIE VERKOSTUNG

Farbe: Leuchtendes Purpurrot, mit der Reife Granatrot. In der Regel deutlich dunkler als die Pinots, aber heller als der Coteaux du Languedoc

Duft: Schwarze Kirschen und Pflaumen, rote und schwarze Beeren. Aber auch Veilchenduft und würzige Lakritze sind typisch. Dazu findet man oft Aromen von Pfeffer, Zimt, Wacholder und Teer.

Geschmack: Wie Duft. Kräftige saftige Säure, weiches Tannin (→ S. 30, 153). Der Wein kann angenehm herb, aber auch recht sauer sein.

Struktur, Charakter: Das Gleichgewicht von Frucht, Säure und Tannin verleiht dem Chianti seine Qualität. Sein Charakter ist daher sehr vielfältig, besitzt aber immer Temperament und Biss und reicht daher von zart und elegant bis robust und rau.

ADEL MIT TRADITION

Der Baron Bettino Ricasoli hat jahrelang auf Schloss Brolio mit verschiedenen Chianti-Rezepten experimentiert und seine Erfahrungen 1872 in einem Brief festgehalten. Sein Mischungsrezept wurde zwar immer wieder modifiziert, gilt im Prinzip aber auch heute noch.

Coteaux du Languedoc

(HERKUNFT → S. 146)

DER WEIN

Die Appellation Coteaux du Languedoc liegt an den zum Mittelmeer hin offenen Hängen des Zentralmassivs zwischen Nîmes und Narbonne. Sonne und Mistral prägen diese von den Gewürzen der Garrigue duftende Landschaft. Kräftig und kräuterwürzig ist auch der Wein, der aus den mediterranen Rebsorten Grenache, Syrah (→ S. 131), Mourvèdre, Carignan, Cinsault und noch ein paar anderen gekeltert wird. Die Region ist wie wohl keine andere in Frankreich im Aufbruch. Das führte auch dazu, dass aus der großen Dachappellation in den letzten Jahren eine ganze Reihe von Unterappellationen entlassen wurden, die nun auf eigenen Füßen stehen. Dazu gehören Faugères und St-Chinian, deren Weine für unsere Weinprobe ebenso geeignet sind.

DIE VORBEREITUNGEN

Einkaufen: In der Appellation gibt es auch Weiß- und Roséweine, die Sie aber leicht erkennen. Der Wein sollte nicht im Barrique ausgebaut sein (»elevé en fûts de chène« sollte also nicht darauf stehen)
Bezugsquelle: Weinhandel
Preisklasse: 1–2
Alter: 2–3 Jahre
Temperatur: 14–16 °C

DIE VERKOSTUNG

Farbe: Tiefes Purpurrot
Duft: Brombeeren, Pflaumen, schwarze Johannisbeeren, Gewürze (Pfeffer, Nelken, Wacholder)
Geschmack: Fleischig mit Wildaromen; weich, oft nicht sehr säurereich, sanfte Tannine (→ S. 30, 153)
Struktur, Charakter: Diese Weine gehen schon in die Richtung schwerer Rotweine. Sie sind sehr aromatisch, körperreich (→ S. 30), aber nicht dick, sie bleiben (bei guter Qualität) elegant.

REGION MIT GESCHICHTE

In dieser Region blicken wir auf zweieinhalb Jahrtausende Weinbau. In der Nähe von Agde pflanzten die Griechen bereits im 7. oder 6. Jahrhundert v. Chr. Reben, und in römischer Zeit entwickelte sich der Weinbau derart erfolgreich, dass Kaiser Domitian im Jahr 92 n. Chr. sein berühmtes Edikt erlassen musste: Zum Schutz des eigenen Weinbaus in Italien sollte die Hälfte aller Rebstöcke gerodet werden. Obwohl das Edikt beinahe 200 Jahre in Kraft blieb, hat es dem gallischen Weinbau nicht ernsthaft geschadet.

Die Aromen von schwarzen Früchten und Beeren finden sich in den Weinen aus dem Languedoc

Frankreich: Languedoc (Midi)

Die Weine aus der Appellation Faugères besitzen einen ganz eigenständigen Charakter

Vier schwere Rotweine

Schwarze Beeren und Gewürze

Châteauneuf-du-Pape
Zinfandel Kalifornien
Shiraz Australien
Amarone della Valpolicella

Üppige Konzentration der Frucht, Wärme und leichte Zugänglichkeit sind charakteristisch für die Weine dieser Familie. Sie reifen in warmen Gegenden und bringen die Kraft der Sonne ins Glas.

Ihre europäische Heimat ist die Rhône. Von dort stammen sowohl unser französisches Beispiel, der Châteauneuf-du-Pape, wie auch die Rebsorte, die diesen Stil weit in der Welt verbreitet hat, die Syrah (→ S. 131). Ihre dichte, fast schokoladige Art, ihre mächtige Frucht und die warmen Pfeffernoten garantieren ihr jeden gewünschten Erfolg rund um den Erdball, vor allem aber in Australien.

In Norditalien erwartet man nicht unbedingt einen Wein dieses Stils, und es brauchte auch kräftige Nachhilfe durch den Menschen, um die notwendige Konzentration von Frucht und Süße im Amarone zu erschaffen.

Da ist der Zinfandel als verkappter Süditaliener schon verständlicher, auch wenn er erst in der Neuen Welt sein wahres Ich gefunden hat.

Und was kommt auf den Teller?

Eigentlich sind die Weine dieser Familie Winterweine. Wenn es draußen kalt ist, wärmen sie Leib und Seele. Sie gehören daher zu winterlichen Gerichten wie Schmorbraten und Wild. Zu leichten sommerlichen Speisen passen sie weniger, zu kräftigen Grillgerichten kann man sie in einer lauen Sommernacht aber durchaus genießen.

Vorspeisen

Diese Weine sind eigentlich zu schwer für eine Vorspeise. Am ehesten eignet sich der **Zinfandel** mit roh geräuchertem Schinken.

Hauptgang

Hier ist die Bühne für diesen Weinstil.
Alle Weine:
Kräftige Fleischgerichte vom Rind und Lamm in allen Zubereitungsarten, gut abgehangenes Wild und Wildgeflügel sind ideale Partner.
Amarone:
Zu ihm passt auch ausgezeichnet gebratene Gänseleber. Das sollte man sich zu einem solchen Wein auch einmal leisten.
Zinfandel:
Ideal zu Gegrilltem

Käse

Alle Weine:
Weichkäse wie Brie de Meaux, aber auch scharfer Hartkäse und dazu unbedingt ein paar Walnüsse und etwas Akazienhonig.

Und wenn niemand kochen will?

Wildterrinen und -pasteten, Salami

Diese Flasche trägt die päpstlichen Insignien auch auf dem Etikett

Frankreich: Rhône-Tal

Die berühmten runden Kieselsteine (»galets«) rund um die Reben

Châteauneuf-du-Pape

(HERKUNFT → S. 145)

DER WEIN

In den Hügeln rund um die ehemalige Sommerresidenz der Päpste, die in Avignon im 14. Jahrhundert im Exil weilten, liegen die Weinberge des Châteauneuf-du-Pape. Es ist die qualitativ wichtigste Appellation der südlichen Rhône. 13 verschiedene Rebsorten (insbesondere Grenache, Cinsaut, Syrah und Mourvèdre) sind für diesen Wein zugelassen, und jeder Produzent nutzt diese Auswahl, um ihm einen ganz persönlichen Charakter zu geben. Der Mindestalkoholgehalt beträgt 12,5 % und ist damit der höchste in ganz Frankreich. In der Realität werden aber oft bis zu 14 % erreicht. Typisch für den Boden sind die »galets«, große runde Steine, die am Tag die Wärme der Sonne aufnehmen und sie nachts wieder abgeben. So unterstützen sie die Reifung der tief hängenden Trauben.

DIE VORBEREITUNG

Einkaufen: Bietet keine besonderen Probleme
Bezugsquelle: Weinhandel, Supermarkt mit Beratung
Preisklasse: 3–4
Alter: 3–4 Jahre nach der Ernte
Temperatur: 16–18 °C

DIE VERKOSTUNG

Farbe: Dem Ort entsprechend könnte man die Farbe dieses Weins mit Kardinalspurpur beschreiben. Es sind konzentriert dunkle Weine von brillantem Purpur.
Duft: Pflaumen, Kirschen, Brombeeren, Unterholz, Pilze, Gewürze (Zimt, Pfeffer, Wacholder)
Geschmack: Eingekochte und getrocknete Früchte (z. B. Dörrpflaumen). Sanfter, weicher, fast süßer Gesamtcharakter. Langer Abgang (→ S. 24, 152).
Struktur, Charakter: Volle, muskulöse, körperreiche (→ S. 30) Weine mit Kraft und dichter Struktur (→ S. 154)

HEILIGER WEIN

Die mit dem Relief der Schlüssel des heiligen Petrus geschmückte Flasche ist als Marke geschützt.
Alphonse Daudet schreibt in den »Briefen aus meiner Mühle« (1869) über den Papst im Exil: »… er verkostete den Wein in kleinen Schlucken und blickte zärtlich hinaus auf seine Reben …«

Zinfandel Kalifornien

(HERKUNFT → S. 150)

DER WEIN

Die Wege dieser Rebsorte werden wohl für immer ein Geheimnis bleiben. Moderne gentechnische Untersuchungen haben zwar den alten Verdacht bestätigt, dass sie mit der süditalienischen Primitivo identisch ist. Ob der Weg aber von Italien nach Amerika oder umgekehrt verlief, hat sie uns bis heute nicht verraten. Zinfandel wird fast ausschließlich in Kalifornien angebaut und war dort bis in die achtziger Jahre hinein eher ein Massenprodukt und deshalb entsprechend vernachlässigt. Das hat sich seither grundlegend gewandelt. Zwar gibt es immer noch den Durstlöscher Zinfandel, inzwischen ist er aber auch bis in die vornehmsten Etagen der Weinwelt aufgestiegen.

Den feinen Duft der Wildrose kann man im Bouquet des Zinfandel suchen und finden

DIE VORBEREITUNG

Einkaufen: Die besten Weine stammen von der North Coast (Dry Creek, Russian River, Sonoma, Mendocino)
Bezugsquelle: Weinhandel. Da die Qualitäten sehr unterschiedlich sind, ist eine gute Beratung wichtig.
Preisklasse: 2–3
Alter: 3 und mehr Jahre
Temperatur: 16–18 °C

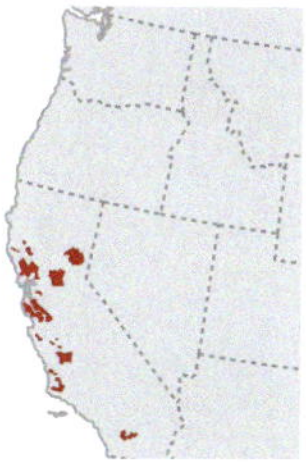

Kalifornien: Die Weinregionen

DIE VERKOSTUNG

Farbe: Dunkles intensives Rubinrot
Duft: Wildrose, Fruchtaromen (Brombeeren, schwarze Johannisbeeren, Bananen), aber auch grüne frische Aromen von Eukalyptus und Minze, dazu Pfeffer und Leder
Geschmack: Frische lebendige Säure und präsentes Tannin (→ S. 30)
Struktur, Charakter: Es gibt recht unterschiedliche Stile. Zinfandel kann kräftig, rustikal und robust sein, in der Hand eines guten Erzeugers aber auch großartige, edle geschliffene Weine hervorbringen.

ZINFANDEL UND DIE GOLDGRÄBER

Zinfandel war der Wein der Goldgräber Kaliforniens und genoss in diesen Abenteurerkreisen unangefochtene Popularität. Selbst die Prohibition überstand er unbeeindruckt dank eines Heers von Hobbywinzern, die heimlich Zinfandel anbauten und kelterten. Zinfandel wurde so Teil des amerikanischen Mythos.
Einige apulische Winzer schreiben mit Blick auf den amerikanischen Markt neben Primitivo auch Zinfandel auf ihre Etiketten.

Die Golden Gate Bridge, das Wahrzeichen Kaliforniens

Shiraz Australien

(Barossa oder Hunter Valley)

(HERKUNFT → S. 151, REBSORTE → S. 131)

DER WEIN

Shiraz, wie die Syrah in Australien heißt, war bis in die siebziger Jahre die Rotweintraube Australiens, gewissermaßen das Alltagsbrot aller. Kein Wunder also, dass sie nie so richtig für voll genommen wurde. Als der Kontinent schließlich zu neuen Weinhorizonten aufbrach, setzte man also auch nicht auf sie, sondern auf Cabernet. Das Potenzial, das im Shiraz schlummert, wurde erst seit den achtziger Jahren wiederentdeckt – heute ist Shiraz erneut die Rotweintraube Australiens.
Im warmen Norden (Barossa Valley) erbringt sie in der Regel dunkle, schwere und pfefferwürzige Fruchtpakete, im kühleren Süden eher elegante und schlanke Weine. Dies gilt aber nur als Faustregel, der Stil des Hauses bzw. des Winzers ist fast ebenso wichtig.

Der Shiraz erwärmt den Gaumen mit pfeffriger Würze

DIE VORBEREITUNG

Einkaufen: Australischer Shiraz wird meist im Holzfass ausgebaut. Das soll uns recht sein (siehe aber »Eichenholzgeschmack« unten).
Bezugsquelle: Weinhandel, Supermarkt
Preisklasse: 2–3
Alter: 3–4 Jahre nach der Ernte
Temperatur: 16–18 °C

Australien: Barossa Valley

DIE VERKOSTUNG

Farbe: Dunkles Purpur- bis Rubinrot
Duft: Blumen (Nelken, Veilchen), Pflaumen, dunkle Früchte (dunkelrote Kirschen und schwarze Johannisbeeren), Gewürze (vor allem Pfeffer, aber auch Lakritze). Vom Eichenholz her Vanille und Röstaromen.
Geschmack: Schokolade, Wild, Leder, erdig
Struktur, Charakter: Üppig und ausladend, aber auch weich und warm

Hunter Valley in Neusüdwales. Reben wurden hier schon 1828 gepflanzt

EICHENHOLZGESCHMACK

Den beliebten Eichenholzgeschmack kann man nicht nur durch echte und teure Fasslagerung erreichen, sondern auch durch Eichenholzchips, die man in die Stahltanks gibt. Den Unterschied kann man auch auf dem Etikett erkennen: »Barrel aged« bedeutet Lagerung in Fässern, »oaked« oder »wooded« dagegen Chipsbehandlung.
Geschmacklich ist der Unterschied selbst für Erfahrene oft schwer auszumachen.

Amarone della Valpolicella

(HERKUNFT → S. 142)

DER WEIN

Traubensorten, Anbaugebiet und Classico-Zone sind identisch mit denen des Valpolicella (→ S. 87). Der große Unterschied liegt jedoch in der Weinbereitung. Für den Amarone werden speziell ausgewählte, hochreife Trauben in gut belüfteten Scheunen auf Strohmatten ausgelegt oder an Balken und Schnüren zum Trocknen aufgehängt. Die Zuckerkonzentration wird in den Trauben durch das Trocknen so hoch, dass nur ganz spezielle Hefestämme in der Lage sind, den Most ganz durchzugären. Gekeltert wird erst im Januar oder sogar noch später. Dadurch entsteht ein hochkonzentrierter, tiefdunkler und alkoholreicher Nektar, der zu den größten Weinen Italiens gehört.
Der Mindestalkoholgehalt ist mit 14% festgelegt, liegt in der Regel aber deutlich darüber, zwischen 15 und 17%.

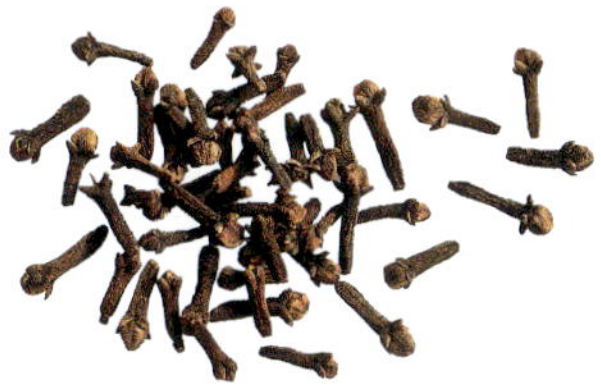

Die Duftfülle des Amarone umfasst auch vielerlei Gewürze wie Nelken

DIE VORBEREITUNG

Einkaufen: Am besten orientieren Sie sich an Erzeugern wie Allegrini, Masi, Tedeschi, Zenato
Bezugsquelle: Weinhandel
Preisklasse: 5–6
Alter: Ab 5 Jahre nach der Ernte
Temperatur: 16–18 °C

Italien: Veneto

DIE VERKOSTUNG

Farbe: Tiefes, fast schwarzes Rubinrot
Duft: Überwältigende Duftfülle und -vielfalt: Kirschen, Pflaumen, Liebstöckel, Gewürznelken, Pfeffer, Leder, Karamell
Geschmack: Trocken, der süße Eindruck stammt vom Alkohol (Alkohol schmeckt süß); voll, samtig, warm, bittere Aromen von Kirschen, Gewürzen und Tabak
Struktur, Charakter: Großartige, mächtige, eindrucksvolle Struktur (→ S. 154) mit schier unendlichem Abgang (→ S. 24, 152)

Die Trauben für den Amarone werden zum Trocknen auf Matten ausgelegt

RECIOTO DELLA VALPOLICELLA

Wenn die Gärung wegen des zu hohen Alkoholgehalts zum Stehen kommt, bevor aller Zucker vergoren ist, entsteht die süße Variante dieses Weins, der Recioto della Valpolicella. Er nähert sich im Charakter schon fast einem Portwein.
Der Name Valpolicella soll antiken Ursprungs sein und »Tal der vielen Weinkeller« (polis cellae) bedeuten.

Vier reife schwere Rotweine

Schwarze Beeren, Leder und Laub

Nuits-St-Georges Premier Cru
Rioja Reserva
Barolo
Brunello di Montalcino

Wein ist ein Lebewesen, das nicht nur eine fröhliche oder ernste Jugend durchleben kann, sondern auch einen Lebenszenit, auf dem alle Kräfte sich voll ausbilden und harmonisch zueinander finden und schließlich in einen glücklichen, im herbstlichen Licht glänzenden Lebensabend münden. Natürlich ist nicht allen Weinen das Glück einer solchen Biografie geschenkt. Wie im wirklichen Leben sind es immer nur die Ausnahmen, die zu wirklicher Größe finden.

In der Flasche reagiert ein kleiner Vorrat an Sauerstoff mit verschiedenen Bestandteilen des Weins, verändert sie und fällt sie teilweise auch aus. So bildet sich das Depot (→ S. 152). Der Wein wird heller, das Tannin (→ S. 30, 153) milder, die jugendlichen Fruchtaromen wandeln sich zu herbstlichen Tönen, die an Unterholz, Leder und Pilze erinnern. Dazu tritt der Beitrag des Holzes, der diese Entwicklung ergänzt und unterstützt.

Es ist kein Zufall, dass alle Weine dieser Verkostung aus dem alten Europa stammen. Die Neue Welt setzt mehr auf die Jugend mit ihrer überbordenden Kraft und Frucht, inzwischen folgen auch viele moderne Weine aus der Alten Welt diesem Anspruch. Man kann sie einfacher und leichter trinken als die gereiften Weine, mit denen wir uns jetzt beschäftigen. Ihr Geschmack ist gewöhnungsbedürftig, sie finden oft nicht unser spontanes Verständnis, wer aber einmal den Zugang zu diesen Weinen gefunden hat, wird reich belohnt.

Und was kommt auf den Teller?

Ein großer Wein findet einen angemessenen Partner nur in einem großen Gericht. Gleiche Augenhöhe ist die unabdingbare Voraussetzung für ein gehaltvolles Gespräch. Herbst und zartes Wild können dabei ebenso ein Thema sein wie die edlen und ausdrucksvollen Kreationen einer raffinierten Küche. Meer, See und Fluss treten gegenüber Weideland und Wald eher in den Hintergrund. Immer aber sind Feinheit und erlesene Zurückhaltung wichtiger als allzu kräftige Reize.

Vorspeisen

Alle Weine:
Gänseleber, Gerichte mit schwarzen oder weißen Trüffeln (Nudeln, Risotto)
Burgunder:
Mit der Haut gebratener Fisch (Dorade)

Hauptgang

Alle Weine:
Wildgeflügel (Ente, Taube, Rebhuhn, Wachtel)
Wildhase, Wildschwein (Frischling), Reh und Hirsch, eventuell mit einer fruchtigen Sauce
Huhn, Perlhuhn, Truthahn
Pot-au-feu vom Kaninchen
Lamm und Rind in allen edlen Zubereitungsarten, gebraten und geschmort
Innereien (Leber, Niere)

Käse

Alle Weine:
Nicht zu kräftige Hartkäse (Emmentaler)
Zum Burgunder:
Weichkäse (z. B. Brie de Meaux) oder ein würziger Epoisses

Und wenn niemand kochen will?

Eigentlich zu schade für diese Weine. Aber wenn's gar nicht anders geht: geräucherter oder luftgetrockneter Schinken. Kaltes, aufgeschnittenes Roastbeef. Geräucherte Gänsebrust.

Nuits-Saint-Georges
Premier Cru

(HERKUNFT → S. 144, REBSORTE → S. 130)

DER WEIN

Nuits-Saint-Georges ist die heimliche Hauptstadt der Côte de Nuits in Burgund und hat ihr auch den Namen gegeben. Die Weine hier sind intensiv, kräftig und haltbar. Kurioserweise gibt es in dieser Gemeinde keine Grands Crus, dafür zahlreiche Premiers Crus, die manchem Grand Cru in der Qualität ebenbürtig sind.
Die ganze Côte de Nuits ist Rotweingebiet (Pinot Noir → S. 130). Hier wachsen die berühmtesten und teuersten Rotweine Burgunds auf einem schmalen Band von Kalksteingeröll.

DIE VORBEREITUNG

Einkaufen: Auf dem Etikett sollte stehen: »Appellation Nuits-Saint-Georges 1er Cru Contrôlée«
Bezugsquelle: Weinhandel
Preisklasse: 4–6
Alter: Mindestens 6 Jahre
Temperatur: 16–18 °C

Auch das Aroma von Herbstlaub und Pilzen bereichert den Duft des reifen Burgunders

DIE VERKOSTUNG

Farbe: Für einen Burgunder relativ tiefe, intensive Farbe mit orangen Reflexen
Duft: In der Jugend dominieren noch die Blumen- (Rosen) und Fruchtaromen (Himbeeren, Erdbeeren, Kirschen), später kommen die Düfte der Reife dazu: Leder, Wild und Pilze.
Geschmack: Die Weine sind dicht, vollmundig und saftig. In der Jugend besitzen sie oft noch ungestümes Tannin (→ S. 30, 153), wirken hart und verschlossen. Mit der Reife werden sie rund, weich und geschmeidig, behalten aber einen festen Körper (→ S. 30).
Struktur, Charakter: Es lohnt sich, einige Jahre Geduld mit diesen Weinen aufzubringen. Dann verströmen sie sinnliche Düfte, sind ausdrucksvoll und von höchst vornehmer Eleganz.

Frankreich: Côte de Nuits

BIOANBAU IN BURGUND

Die Weinerzeuger in Burgund legen größten Wert darauf, dass die Weine den Charakter der Lage, das Terroir (→ S. 154), möglichst unverkennbar zum Ausdruck bringen. Es ist daher nur logisch, dass gerade hier die Philosophie des biologischen Weinbaus immer mehr Anhänger gewinnt: Nur ein unverfälschter, von künstlichen Zusätzen freier Boden kann auch dem Wein einen unverfälschten Charakter schenken.

Das berühmte Clos de Vougeot liegt in unmittelbarer Nähe von Nuits-Saint-George

Rioja Reserva
oder Gran Reserva

(HERKUNFT → S. 148, REBSORTE → S. 132)

DER WEIN

Die Basistraube des Rioja ist der Tempranillo (80%), dazu treten der aromatische Graciano und die körperreiche und alkoholstarke Garnacha Tinta (Grenache). Die Reservas lagern mindestens ein Jahr in »Barricas« (Barriques → S. 152) und anschließend zwei weitere Jahre in großen Eichenfässern, Tanks oder in der Flasche. Noch länger sind die Lagerzeiten bei den Gran Reservas: insgesamt fünf Jahre, davon zwei in Barricas, oft werden diese Mindestzeiten aber verlängert.

DIE VORBEREITUNG

Einkaufen: Der Einkauf sollte eigentlich kein Problem darstellen
Bezugsquelle: Weinhandel, Supermarkt
Preisklasse: 2
Alter: Mindestens 5 Jahre
Temperatur: 16–18 °C

Schwarze Beerenaromen finden sich vor allem in noch jungem Rioja

DIE VERKOSTUNG

Farbe: Dunkles bis tiefdunkles Rubinrot. Durch lange Lagerung im Eichenfass wird die Farbe aber aufgehellt.
Duft: Schwarze Beeren (Brombeeren), Pflaumen, Kirschen, Rauch (und Autoreifen). Traditionell gekelterte Riojas mit langer Fasslagerung verlieren oft an Fruchtigkeit. Moderne Erzeuger verkürzen daher die Fasslagerung.
Geschmack: Feine Säure, präsentes, aber nicht wirklich kräftiges Tannin (→ S. 30, 153). Die traditionelle Verwendung amerikanischer Eiche für die Fässer verleiht dem Rioja einen typischen vanillesüßen Geschmack und die ebenso typische Eichentrockenheit.
Struktur, Charakter: Rioja kann wunderbar altern und wird dabei mild, sanft, hochfein und edel.
Man kann deutlich zwei Stilrichtungen unterscheiden: Der alte spanische Geschmack bevorzugte die starke Holznote mit ausgeprägtem Vanillegeschmack, der neue Stil ist dagegen eher auf die internationalen Märkte hin orientiert und betont mehr die Fruchtigkeit des Weins.

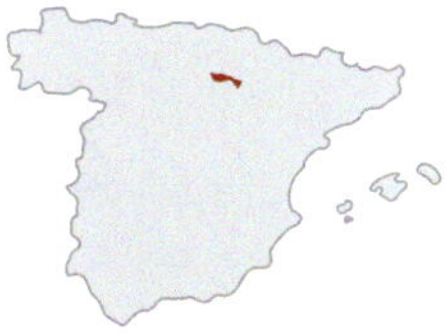

Spanien: Rioja

RIOJA-GEBIET

Die lange Fasslagerung der Weine macht aus dem Rioja-Gebiet selbst ein gewaltiges Fasslager. Große Rioja-Erzeuger verfügen über Zehntausende von »Barricas«.

Wegen der langen Reifung im Fass verfügen die Rioja-Produzenten über zum Teil gigantische Fasslager

Barolo

(HERKUNFT → S. 142, REBSORTE → S. 132)

DER WEIN

Barolo ist der Wein der Könige und der König der Weine. Er wird in zehn Gemeinden rund um die kleine Ortschaft Barolo in den piemontesischen Langhe angepflanzt und zu 100 % aus der Rebsorte Nebbiolo gekeltert. Früher war er der Tradition entsprechend in der Jugend kaum genießbar; zu streng und zu aggressiv griffen Tannin (→ S. 30, 153) und Säure die Schleimhäute an, zu spröde war sein Charakter. Erst nach zwei, drei Jahrzehnten öffnete er sich und offenbarte seine großartige Altersmilde. Heute versuchen viele Produzenten, Weine zu gestalten, die schon nach einigen Jahren Genuss bereiten, und setzen dabei auch Barriques (→ S. 152) ein. Barolo verlässt erst drei Jahre nach der Ernte den Keller des Winzers, die Riserva-Qualität sogar erst nach fünf Jahren.

DIE VORBEREITUNG

Einkaufen: Es muss nicht unbedingt eine Riserva sein.
Bezugsquelle: Weinhandel
Preisklasse: 5–6
Alter: Mindestens 7 Jahre nach der Ernte
Temperatur: 16–18 °C

DIE VERKOSTUNG

Farbe: Barolo ist von eher heller (oft etwas enttäuschender) Farbe. In der Jugend ist er rubinrot, gewinnt aber mit zunehmender Reife warme orange bis ziegelrote Reflexe und Töne.
Duft: Rosen, Veilchen, Brombeeren, Laub, Trüffeln, Teer, Vanille
Geschmack: In der Jugend oft (über)mächtiges Tannin (→ S. 30, 153), markante Säure. Nach einigen Jahren wird das Tannin mild und die Säure weicher. Dann offenbart sich die Fülle an Aromen, die getragen werden von einem festen Körper (→ S. 30). Langer, süßer Abgang (→ S. 24, 152).
Struktur, Charakter: Barolo ist ein mächtiger und aristokratischer, fast heroischer Wein, dessen Würde man respektieren muss. Am besten findet man den Zugang zu ihm, wenn man sich mit ihm zu Tisch setzt und gemeinsam eine Mahlzeit genießt.

WIEGE DES BAROLO

Die Schöpfer des modernen italienischen Staates standen auch an der Wiege des Barolo: Der Ministerpräsident Cavour und die königliche Familie der Savoya haben auf ihren Schlössern um 1850 der modernen Form dieses Weins zum Durchbruch verholfen.

Mit Schweinen und Hunden werden im Piemont die begehrten Trüffeln gesucht

Italien: Piemont

Das Städtchen Barolo liegt malerisch eingebettet in einem Meer von Reben

Brunello di Montalcino

(HERKUNFT → S. 143, REBSORTE → S. 132)

DER WEIN

Nicht weniger aristokratisch als der Barolo, aber von ganz anderem Zuschnitt ist der Brunello. Montalcino liegt im Süden der Toskana in einer offenen Hügellandschaft. Hier ist das Klima wärmer und trockener, aber gleichzeitig auch windiger als im Chianti-Gebiet. Die Trauben reifen früher und gleichmäßiger, wodurch die Weine mehr Körper (→ S. 30) und Gehalt bekommen, aber auch mehr Alkohol (oft über 14 %).

Brunello lagert vier Jahre im Keller, davon drei im Fass (die Riserva fünf), bevor er auf den Markt gebracht werden kann. Im Gegensatz zum Chianti und zum Vino Nobile di Montepulciano ist der Brunello stets reinsortig (→ S. 154).

Auch das Aroma von dunkler Schokolade findet man im komplexen Duft eines reifen Brunello

DIE VORBEREITUNG

Einkaufen: Der Rosso di Montalcino darf schon nach 1 Jahr Reife auf den Markt gebracht werden. Er ist dann zwar oft ein sehr guter Wein, aber für unsere Weinprobe der reifen Weine kein geeignetes Beispiel.
Bezugsquelle: Weinhandel
Preisklasse: 6
Alter: Mindestens 7 Jahre nach der Ernte
Temperatur: 16–18 °C

Italien: Montalcino

DIE VERKOSTUNG

Farbe: Tiefdunkles Rubinrot
Duft: Intensives Bouquet (→ S. 152) nach schwarzen Beeren, Veilchen, Eukalyptus, Schokolade, Lakritze
Geschmack: Trocken, hoch konzentriert, in den ersten Jahren nach der Abfüllung noch strenges Tannin (→ S. 30, 153), im Abgang (→ S. 24, 152) auch Teer und Zigarrenkistenaromen (Zedernholz)
Struktur, Charakter: Wuchtig, majestätisch, kraftstrotzend

BIONDI-SANTI UND BRUNELLO

Die Mitglieder der alteingesessenen Familie der Biondi-Santi sind die Ahnen des Brunello. Ferrucio Biondi-Santi kelterte 1888 und 1891 erstmals einen reinsortigen Wein aus einem besonders hochwertigen Klon (→ S. 153) des Sangiovese, dem Sangioveto Grosso. Es waren Weine, die zur Legende wurden. Bis nach dem Zweiten Weltkrieg ist der Brunello ein exklusives Produkt der Familie Biondi-Santi geblieben, die insgesamt nur vier Jahrgänge herstellte (1888, 1891, 1925, 1945) und damit die Aura der Besonderheit hochhielt.

Montalcino thront majestätisch auf der Spitze eines Hügels

Die vier Schaumweinstile

Perlend und mysteriös

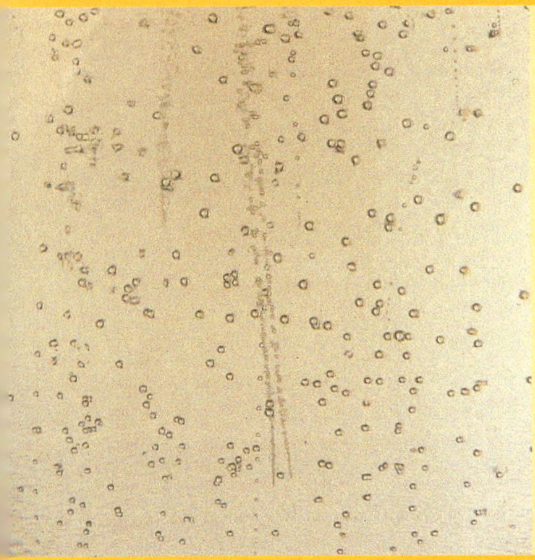

Prosecco di Valdobbiadene
Cava
Winzersekt Riesling Pfalz
Moscato d'Asti

Jedes Glas schäumenden Weins birgt ein Mysterium: Aus dem Nichts steigen Perlen auf, strömen, funkeln und verschwinden wieder ins Nichts. Ein Sinnbild für die vergänglichen Freuden, die uns das Fest des Lebens schenkt, und eine Einladung, sie zu genießen? Passen diese Weine deshalb auch am schönsten zu den vergänglichsten aller vergänglichen Momente – zum erwartungsfrohen Beginn eines Fests oder in genialer Entsprechung zum Zauber eines Flirts?

Vorbild und Urbild aller Schaumweine ist natürlich der Champagner, der in dieser Verkostung fehlt, den Sie aber gut in diese Runde mit aufnehmen können (→ S. 42). Ihm entsprechen hier nur der Winzersekt und der spanische Cava. Beide sind ebenfalls nach der klassischen Methode der Flaschengärung (→ S. 126) hergestellt und stehen qualitativ sicher über dem vergnüglichen, aber einfachen Prosecco. Dieser erhält seine zweite Gärung im Tank und wird anschließend unter Druck abgefüllt.

In jeder Beziehung anders verhält sich der Moscato, denn bei ihm findet gar keine zweite Gärung statt. Die erste Gärung wird im Tank, bevor aller Zucker vergoren ist, meist durch Filtration abgeschlossen, der Wein dann unter Druck abgefüllt. Streng genommen ist der Moscato auch kein Schaumwein (dafür hat er zu wenig Druck), sondern »lediglich« ein Perlwein.

Und was kommt auf den Teller?

Es gibt fast keine Gelegenheit, zu der man keinen Schaumwein genießen könnte. Am Morgen belebt uns das Sektfrühstück, beim Aperitif stimuliert er unseren Appetit, jeden Gang eines Menüs – selbst das Dessert – begleitet er souverän, und wie könnte ein Abend schöner ausklingen als mit einem Schluck dieser Weinfamilie. Und wie meinte doch ein galanter Franzose? Champagner adelt selbst die Sünde.
Alle sind zwar wunderbar als Aperitif, der Moscato spielt aber seine beste Rolle beim Dessert. Und auch während des Essens ist er nur schwer zu integrieren. Wir wollen deshalb nichts erzwingen und sparen den Moscato für den Nachtisch auf.

Vorspeisen

Prosecco, Cava, Winzersekt:
Blätterteiggebäck, Räucherlachs, Fischcarpaccio

Hauptgang

Prosecco, Cava, Winzersekt:
Fischgerichte, vor allem gedämpft, mit Weißwein-, Sahne- und Buttersaucen, Hähnchen, Kaninchen, gebratene Kalbsleber

Käse

Prosecco, Cava, Winzersekt:
Rahmweichkäse (z.B. Brillat-Savarin)

Dessert

Moscato d'Asti:
Wie füreinander geschaffen sind Moscato und Panettone. Aber auch Früchtedesserts, Obstkuchen und Torten passen herrlich.

Und wenn niemand kochen will?

Dann richten Sie ein kaltes Büffet mit Blätterteiggebäck, Geflügel- oder auch Wildpasteten, etwas Weichkäse und Kuchen.

V.S.Q.P.R.D.

EXTRA DRY

Spumantizzato
dall'azienda agricola Drusian Francesco
Valdobbiadene Italia

V.S.Q.P.R.D. bedeutet »Vino Spumante di Qualità Prodotto in una Regione Determinata« und entspricht einer DOC

Italien: Veneto

Weinlandschaft im Prosecco-Gebiet

Prosecco di Valdobbiadene

Spumante

(HERKUNFT → S. 142)

DER WEIN

Der populärste Schaumwein Italiens rückte in den letzten Jahren auch nördlich der Alpen zum Partygetränk Nummer eins auf. Er wird im Norden Venetiens, in der Hügelzone von Treviso aus der gleichnamigen Traubensorte gekeltert, die schon bei den Römern bekannt und beliebt war. Den Schritt zum Schaumwein hat sie aber erst Anfang des 20. Jahrhunderts gemacht, als Antonio Carpenè – damals noch nach dem Champagnerverfahren – die Bläschen in den bis dahin stillen Wein brachte. Das von ihm gegründete Haus Carpenè Malvolti gehört auch heute noch zu den bedeutendsten Prosecco-Produzenten.
Längst hat man aber auf das kostengünstigere Tankgärungsverfahren (→ S. 126) umgestellt. Der noch einfacheren Spielart Prosecco Frizzante (nicht Spumante) wird die Kohlensäure sogar nachträglich zugesetzt. Innerhalb der Prosecco-Zone ist ein kleines Gebiet mit besonders guten Weinen als Unterzone Superiore di Cartizze ausgegliedert worden.

DIE VORBEREITUNG

Einkaufen: Auf dem Etikett sollte stehen »Spumante Brut«, »Spumante Secco« oder »Extra dry«
Bezugsquelle: Weinhandel, Supermarkt
Preisklasse: 1–2
Alter: Muss jung getrunken werden. Auf dem Etikett steht allerdings kein Jahrgang.
Temperatur: 6–8 °C

DIE VERKOSTUNG

Farbe: Helles Gold
Duft: Hefe (wie das Weiße von frischem Brot), Blüten und Äpfel
Geschmack: Mild, sanft. Die leichte Bitternote im Abgang (→ S. 24, 152) ist typisch für die Rebsorte und wird meist durch eine kleine Restsüße ausgeglichen.
Struktur, Charakter: Einfacher und erfrischender Prickler, der keine größeren Ansprüche erfüllt oder auch nur stellt.

ANBAUZONEN

Östlich der Valdobbiadene-Zone liegt die Zone Conegliano. Auf dem Etikett dürfen beide Namen stehen. Die Weine aus der flacheren Conegliano-Zone sind etwas weicher und milder, die von Valdobbiadene etwas frischer und feiner.

Cava

(HERKUNFT → S. 148)

DER WEIN

Cava darf nur ein Schaumwein genannt werden, der aus der kühlen und hügeligen Region rund um das spanische Städtchen San Sadurní de Noya stammt, einem Gebiet, das zu 95% zu Katalonien gehört. Auch das Herstellungsverfahren mit klassischer Flaschengärung (→ S. 126) ist vorgeschrieben. Seit dem Ende des 19. Jahrhunderts wird hier Schaumwein hergestellt. Drei weiße Traubensorten bestimmen im Wesentlichen den Charakter des Cava: Macabeo ist etwas neutral, bringt aber frische Säure, Xarel-lo trägt ein typisches erdiges Aroma bei, und die edle Parellada ist für Duft und Schmelz verantwortlich.
Seit einigen Jahren ist auch Chardonnay zugelassen und wird zunehmend zur Qualitätssteigerung in den Verschnitten (→ S. 154), aber auch reinsortig (ist oft auf dem Etikett vermerkt) zur Herstellung von Spitzencavas verwendet.
Jährlich werden über 1 Million hl Cava produziert. Die beiden größten Produzenten sind Codorníu und Freixenet. Wie beim Champagner gibt es auch beim Cava verschiedene Qualitätsstufen und Stilrichtungen, von den einfachen Cavas ohne Jahrgang bis zu den Jahrgangscavas und prestigeträchtigen Spitzencuvées.

So genannte Gyropaletten wurden in Spanien erfunden. Sie ersetzen die Handarbeit am Rüttelpult

DIE VORBEREITUNG

Einkaufen: Halten Sie sich ruhig an die Produkte der großen Firmen
Bezugsquelle: Supermarkt, Weinhandel
Preisklasse: 1–2
Alter: Jung zu trinken
Temperatur: 8–10 °C

Spanien: Katalonien

DIE VERKOSTUNG

Farbe: Helles Gold
Duft und Geschmack: Können breit variieren, je nach Verschnitt (→ S. 154) von eher neutral und hefig bis zitronenfrisch und apfelfruchtig oder leicht Chardonnay-geprägt. Oft ist eine deutlich erdige Note spürbar. Immer erfrischt uns Cava mit einer angenehmen Säure.
Struktur, Charakter: Erfrischender und leichter Schaumwein, oft von überraschender Qualität.

Das Castillo de Milmanda in Katalonien. Hier werden auch die Grundweine für hochwertigen Cava gekeltert

HERSTELLUNGSVORSCHRIFTEN

Die spanischen Vorschriften sind außerordentlich streng. So ist nicht nur das Flaschengärungsverfahren zwingend vorgeschrieben, einem Cava-Produzenten ist sogar der Besitz von Einrichtungen für die Herstellung von Schaumwein nach dem Tankgärungsverfahren verboten.

Alle für den Weinfreund wichtigen Informationen finden sich übersichtlich auf dem Etikett der Hersteller von Winzersekt

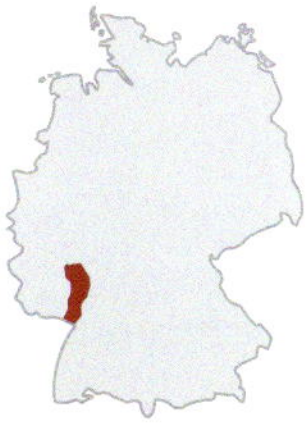

Deutschland: Pfalz

Riesling-Sekt erfrischt mit knackig-frischer Apfelsäure

Winzersekt Riesling Pfalz

(HERKUNFT → S. 139, REBSORTE → S. 134)

DER WEIN

Sekt ist nicht gleich Sekt. Für drei bis vier Euro die Flasche kann nichts als Brause entstehen. Neunzig Prozent der Grundweine dieser Sekte stammen denn auch gar nicht aus Deutschland. Als Gegengewicht zu diesem Massenmarkt gibt es seit den achtziger Jahren eine steigende Anzahl meist kleiner Produzenten, die echten deutschen (Winzer-) Sekt aus deutschen Trauben im Flaschengärungsverfahren (→ S. 126) herstellen. Auf dem Etikett sind dann Erzeuger, Region, Jahrgang und Traubensorte vermerkt. Die Riesling-Traube mit ihrer frischen Säure, feinen Eleganz und Finesse ist hervorragend für den Sekt geeignet.

DIE VORBEREITUNG

Einkaufen: Achten Sie unbedingt darauf, einen echten Winzersekt zu bekommen. Auch Erzeugergemeinschaften und Genossenschaftskellereien können hervorragende Produkte anbieten.
Wählen Sie einen Sekt mit der Bezeichnung »brut« oder »extra brut«.
Bezugsquelle: Weinhandel, Winzer
Preisklasse: 2–3
Alter: 2–3 Jahre nach der Ernte
Temperatur: 8–10 °C

DIE VERKOSTUNG

Farbe: Sehr helles Gold
Duft: Aromatisch mit deutlichem Riesling-Duft nach grünen Äpfeln, Pfirsichen und Honig
Geschmack: Elegante feine, aber doch deutliche Säure
Struktur, Charakter: Riesling-Sekt kann die Vorzüge der Traube wunderbar hervorheben: die knackige Frische von Äpfeln, gepaart mit einer aromatischen Fruchtsüße und einer fast kristallinen Transparenz.

WORTWAHL

Um den Ursprung des Wortes Sekt ranken sich Legenden. So soll die Bezeichnung auf das englische Wort »sack« zurückgehen, das einfach Wein und zwar wohl eher süßen Wein bezeichnete.
Der Schauspieler Devrient (1784–1832) soll nach einer Aufführung von Shakespeares »König Heinrich IV«, immer noch in der Rolle des Lebemanns Falstaff, in der Kneipe ausgerufen haben: »Gib mir ein Glas Sekt, Schurke! Ist keine Tugend mehr auf Erden?« Der Wirt brachte daraufhin Champagner, die Freundesrunde amüsierte sich köstlich über das beabsichtigte Missverständnis und bezeichnete seither jeden Schaumwein ironisch als Sekt – der Rest der Welt tat es ihnen nach.

Moscato d'Asti

(HERKUNFT → S. 142)

DER WEIN

Man darf Moscato d'Asti nicht mit Asti (früher Asti Spumante) verwechseln. Asti ist ein billiges und banales Industrieprodukt, während der Moscato aus der Muskateller-Traube zu den Perlen der italienischen Weinwelt gehört. Die Anbauzone des Moscato d'Asti beschränkt sich nicht nur auf die Provinz Asti, sie erstreckt sich auch in die Provinzen Cuneo und Alessandria. Hier werden hauptsächlich von kleinen Herstellern gerade mal 5 Millionen Flaschen produziert (zum Vergleich: etwa 75 Millionen der Spumante-Industrie).
Charakteristisch für den Moscato sind die sanfte Perlage, die Restsüße und der niedrige Alkoholgehalt (nur 5,5%). Der Innendruck in der Flasche ist wesentlich geringer als bei den echten Schaumweinen. Ein Moscato d'Asti kann deshalb mit einem normalen Korken verschlossen werden und braucht keinen Drahtkorb.

Ein Traumpaar: Moscato d'Asti mit einem Stück Panettone

DIE VORBEREITUNG

Einkaufen: Asti eignet sich auch als Lückenbüßer nicht
Bezugsquelle: Weinhandel
Preisklasse: 1–2
Alter: So jung wie möglich – Moscato d'Asti stammt aus einem Jahrgang und trägt deshalb sein Geburtsjahr auch auf dem Etikett
Temperatur: 6–8 °C

Italien: Piemont

DIE VERKOSTUNG

Farbe: Helles glänzendes Gelb
Duft: Überströmend nach der Muskateller-Traube
Geschmack: Lieblich, herrlich frische Muskateller-Frucht
Struktur, Charakter: Das Zusammenspiel zwischen der intensiven Frucht, der spürbaren, aber nicht zu vordergründigen Süße, dem sanften Schaum und der Säure können aus diesem Wein ein wahres Wunder entstehen lassen.

Moscato-Reben bei Asti

MOSCATO CONTRA ASTI

Um die Marktanteile beim Asti ist ein mörderischer Preiskampf zwischen den großen, zur Wermutindustrie gehörenden Produzenten (Martini & Rossi, Cinzano u.a.) entbrannt. Trotzdem geht die Nachfrage zurück. Auf der anderen Seite hat sich der Moscato d'Asti in Italien die Herzen der Weinfreunde erobert und ist auf dem Weg, wieder richtig »in« zu werden. Die Nachfrage steigt und damit für die vielen kleinen Produzenten auch der Anreiz zur Pflege der Qualität.

Die vier Aperitif- und Dessertweinstile

Reich, intensiv und süß

Sherry Fino
Riesling Auslese Mosel
Moscato Passito di Pantelleria
Late Bottled Vintage Port

Diese Verkostungsrunde lässt uns einen Blick weit zurück in die Geschichte werfen. Die Weine der Antike waren in der Regel süß, so waren sie besser haltbar. Trockener Wein war damals wohl meist eher Essig, sodass er nur verdünnt getrunken werden konnte.

Süß und konzentriert werden Weine, wenn man den Trauben Wasser entzieht. Das erledigt im Süden die brennende Sonne für uns: Man legt die Beeren unter ihre Strahlen, der Rest geschieht von selbst. Im Norden musste man etwas erfinderischer sein und einen Pilz einsetzen, der das Geschäft übernimmt.

Beide Wege zur natürlichen Süße sind in dieser Verkostung vertreten: Moscato Passito und Riesling Auslese. Das große Vorbild für die Weine mit Edelfäule werden aber immer die klassischen Sauternes bleiben. Ein Beispiel finden Sie auf S. 45, vielleicht ist es reizvoll, diesen Wein hier mit einzubeziehen.

Weit jünger ist die Geschichte der mit Alkohol verstärkten Weine, dafür musste von den Alchemisten des späten Mittelalters zuerst die Destillation erfunden werden. Man kann dabei zwei Wege beschreiten: Entweder lässt man den Basismost vollständig durchgären und verstärkt dann den trockenen Wein mit Alkohol, wie das beim trockenen Sherry geschieht. Oder man gibt den Alkohol dazu, bevor aller Zucker der Trauben vergoren ist. Das Resultat ist ein süßer verstärkter Wein, unser Beispiel ist der Port.

Und was kommt auf den Teller?

Diese vier Weine sind eindrucksvolle Weinpersönlichkeiten, beinahe Monumente in der Welt des Weins. Man nähert sich ihnen mit Respekt. Alle vier sind großartig, wenn man sie ganz für sich genießt: den Sherry zur Erfrischung zwischendurch, die Süßweine am Abend nach dem Essen. Aber! Jeder kann auch einmalige Verbindungen mit einzelnen Gerichten eingehen, die wiederum zu Klassikern wurden.

Vorspeisen

Sherry:
Der perfekteste Aperitif der Welt ist ein Sherry Fino, unerreicht von anderen Weinen. Er verbindet sich aber auch gut mit einigen – vor allem spanischen – Vorspeisen und Tapas: grüne Oliven, Sardellen in Blätterteig, Serrano-Schinken, Gambas vom Grill, Räucheraal.
Portwein:
Gänseleberterrine und Wildpasteten
Riesling:
Graved Lachs und exotische, würzige Vorspeisen wie Frühlingsrollen

Hauptgang

Sherry:
Er kann auch einen Hauptgang von gebratenem Fisch begleiten.
Riesling:
Exotische süß-saure Gerichte, Wild und Wildgeflügel oder auch gebratene Ente

Käse

Portwein und Riesling:
Roquefort
Sherry:
Manchego, Pecorino oder Parmesan

Dessert

Riesling, Moscato, Port:
Die drei Süßweine sind jeder für sich schon ein Dessert. Will man noch etwas dazu servieren, so passen Tarte Tatin, Crème brûlée und zum Passito trockenes Gebäck (etwa toskanische Cantuccini).

Und wenn niemand kochen will?

Dann hat man es bei dieser Weinprobe leicht, mit etwas Oliven zum Sherry und den Käsesorten zu den Süßweinen ist man schon bereit.

Im nicht ganz gefüllten Fass entwickelt sich die Florhefe auf dem Wein

Spanien: Jerez

Palomino-Reben auf dem weißen Kalkboden bei Jerez

Sherry Fino

Jerez de la Frontera

(HERKUNFT → S. 149)

DER WEIN

Fino ist der Inbegriff des klassischen Sherry: leicht, frisch, zart und knochentrocken. Er stammt aus Jerez de la Frontera, wo der nahe Atlantik die Hitze des Sommers etwas ausgleicht und die weißen Albariza-Kreideböden in ihrer porösen Struktur genügend Feuchtigkeit speichern, um den Pflanzen das Überleben zu sichern. Die Einmaligkeit des Sherry verdankt er kaum den neutralen Palomino-Trauben und nur zum geringen Teil dem Weinberg, sondern Erfindungsgeist und Hingabe der Menschen (→ S. 124). Sherry ist daher in weit höherem Maße als andere Weine ein Kulturprodukt und Kunstwerk.

VORBEREITUNG

Einkaufen: Am besten halten Sie sich an die großen Namen: Croft, González Byass, Harveys, Osborne, Sandeman.
Bezugsquelle: Weinhandel
Preisklasse: 3–5
Alter: Alle Sherrys kommen trinkreif in den Handel und gewinnen durch zusätzliche Lagerung kaum an Qualität. Das gilt besonders für den Fino, er sollte bald nach der Abfüllung getrunken werden und nicht länger als ein Jahr lagern.
Eine angebrochene Flasche Fino sollte innerhalb von wenigen Tagen ausgetrunken werden.
Temperatur: 6–8 °C

DIE VERKOSTUNG

Farbe: Blasses Gold mit grünlichem Schimmer
Duft: Fein, zart, hefig, nach Walnüssen und Bittermandeln, getrockneten Bananen, Kamille, Sojasauce, Jod
Geschmack: Frisch und knochentrocken, leicht salzig, herbe, aber sehr angenehme Bitternote
Struktur, Charakter: Fino ist delikat und pikant, lebendig und erfrischend

MANZANILLA

Aus dem Nachbarort von Jerez, Sanlúcar de Barrameda, stammt ein ganz ähnlicher Wein. Er heißt hier Manzanilla. Die Weinlagen liegen näher am Meer, was den Weinen einen eigenen Charakter schenkt: Sie sind etwas leichter, heller und salziger. Von hier stammt vielleicht der feinste Sherry überhaupt.

Riesling Auslese Mosel

(HERKUNFT → S. 138, REBSORTE → S. 134)

DER WEIN

Es scheint paradox: In einem Gebiet, das so weit nördlich liegt, dass die Trauben nur mit Mühe die volle Reife erlangen, sollen Süßweine entstehen, die zu den besten der Welt gehören. Und doch, die Riesling-Traube und die Winzer an der Mosel schaffen das scheinbar Unmögliche, wenn auch nicht in allen Jahren und nicht immer von gleich guter Qualität. Wenn das Wunder aber geschieht, so kann man nur noch staunen. Mosel-Riesling ist mineralisch (vom Schieferboden) und säurebetont. Wenn in sonnenreichen warmen Jahren das Lesegut voll ausreift und die Herbstnebel ihm noch einen schönen Befall mit Edelfäule (Botrytis → S. 152) schenken, kommt hier alles zusammen, was es zur Vollkommenheit braucht: rassige frische Säure, intensive Frucht, mineralische Tiefgründigkeit und konzentrierte Süße.

DIE VORBEREITUNG

Einkaufen: Eine Auslese ist als Beispiel sehr gut geeignet, die sehr viel teureren Beerenauslesen oder Trockenbeerenauslesen sparen wir für die ganz großen Gelegenheiten im Leben auf.
Bezugsquelle: Winzer, Weinhandel
Preisklasse: 4 – 5
Alter: Mindestens 3 Jahre, diese Weine gewinnen aber von Jahr zu Jahr an Komplexität (→ S. 153)
Temperatur: 10 – 12 °C

DIE VERKOSTUNG

Farbe: Helles Gelb mit grünlichem Schimmer
Duft: Überquellende Aromen von Zitrusfrüchten, Pfirsichen, oft auch exotischen Früchten, Aprikosen und Mandeln
Geschmack: Ausgeprägte deutliche Säure, honigartig würzige, aber meist dezent feine Süße, mineralisch erdige Noten. Ein Abgang (→ S. 24, 152), der zu Meditationen verführt.
Struktur, Charakter: Eine Moselauslese strahlt Klarheit, fast überirdische Reinheit und Transparenz aus und ist gleichzeitig voll von prickelnder Vitalität und rassiger Eleganz.

GOLDKAPSEL

Ein Moselwinzer kann seine Auslesen qualitativ weiter einstufen: Über den normalen Auslesen stehen die Weine mit einer Goldkapsel und nochmals darüber die mit einer langen Goldkapsel.

Die Handlese in den Steillagen ist etwas mühsam

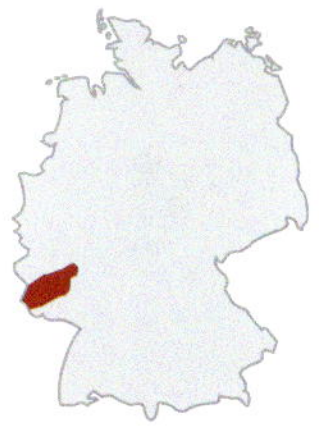

Deutschland: Mosel

Die Mosel bei Ürzig im Herbstnebel

Moscato Passito
di Pantelleria

(HERKUNFT → S. 143)

DER WEIN

Die kleine Vulkaninsel Pantelleria liegt westlich von Sizilien und gehört irgendwie gar nicht mehr richtig zu Italien. Afrika ist näher als Europa, und von der Sahara her weht ein heißer Wind. Hier wächst einer der feinsten Dessertweine Italiens, der Moscato Passito di Pantelleria. Er wird aus der großbeerigen Traubensorte Alexandria-Muskateller gewonnen, die hier Zibibbo genannt wird. Die Trauben werden nach der Lese in der Sonne ausgelegt, getrocknet und erst dann gekeltert. Der Alkoholgehalt des Passito liegt dadurch bei mindestens 14% und der Restzucker bei 110 g pro Liter.

Weinstöcke im vulkanischen Boden der Insel Pantelleria

DIE VORBEREITUNG

Einkaufen: Auf Pantelleria werden verschiedene Versionen des Moscato produziert. Für unsere Verkostung ist es wichtig, dass das Wort »Passito« (d.h. getrocknet) auf dem Etikett steht.
Bezugsquelle: Weinhandel
Preisklasse: 4–5
Alter: Diese Weine sind fast unsterblich, aber auch im Alter von 2–3 Jahren schon absolut trinkreif.
Temperatur: 12–14 °C

Italien: Insel Pantelleria bei Sizilien

DIE VERKOSTUNG

Farbe: Volles leuchtendes Gold. Die hohe Konzentration an Zucker und Extraktstoffen (→ S. 153) ist schon im Glas sichtbar: Der Wein bewegt sich beim Schwenken schwer und dickflüssig.
Duft: Überwältigend und großzügig nach Trockenfrüchten (Feigen, Aprikosen, Orangeat), Quitten, Orangen, Nüssen, Gewürzen (Zimt, Muskat), Karamell, Honig und vielem mehr
Geschmack: Zu der tiefen Süße und einer öligen Dichte gesellt sich als Gegengewicht die Säure. Der Wein wirkt dadurch nicht einfach pappig süß, sondern mundfüllend und mundreinigend zugleich. Der Abgang (→ S. 24, 152) ist fast unendlich.
Struktur, Charakter: Opulente Fülle und überströmender Reichtum an Düften und Aromen auf der einen Seite, Grazie und Eleganz auf der anderen machen aus diesem Wein ein verführerisches Juwel.

Moscato-Trauben werden in der Sonne zum Trocknen ausgelegt

EINFACH GÖTTLICH

Es verwundert nicht, dass die Phönizier diese Traube und den aus ihr gekelterten Wein ihrer Liebesgöttin Tanit geweiht haben.

Late Bottled Vintage Port
(LBV Port)

(HERKUNFT → S. 147, HERSTELLUNG → S. 127)

DER WEIN

LBV Port ist die etwas günstigere Alternative zum teuren Vintage Port und steht ihm qualitativ oft nahe. Er wird aus Wein hergestellt, der es nicht ganz zu den höchsten Weihen gebracht hat. Aber wie der Vintage muss er aus einem einzigen Jahrgang stammen, diesen in seinem Charakter und Stil erkennen lassen und zum Ausdruck bringen.

DIE VORBEREITUNG

Einkaufen: Neben den großen berühmten Portweinhäusern (z. B. Delaforce, Dow, Ferreira, Fonseca, Niepoort, Quinta do Noval, Taylor, Warre) gibt es viele kleinere Produzenten, die wunderbaren Port erzeugen.
Bezugsquelle: Unbedingt Weinhandel, was im Supermarkt angeboten wird, können Sie höchstens zum Kochen verwenden.
Preisklasse: 3–4
Alter: LBV Port ist immer trinkreif
Temperatur: 14–16 °C

DIE VERKOSTUNG

Farbe: Tiefes, feuriges Purpurrot, in der Mitte fast schwarz
Duft: Pflaumen in allen Variationen (reif, getrocknet und im Rumtopf eingelegt), Kirschen, Feigen, Orangen, Nüsse, Gewürze (Zimt, Pfeffer, Nelken), Karamell, Leder und vieles mehr
Geschmack: Fleischig, pfeffrig und pikant. Zu den Aromen des Duftspektrums treten eine dichte, saftige Konsistenz, weiche Säure und samtenes Tannin (→ S. 30, 153). Die Süße ist meist nicht so überwältigend wie beim Moscato, aber voll und tief mit den Fruchtaromen verbunden. Der Alkohol wärmt den Gaumen und das Herz. Weicher langer Abgang (→ S. 24, 152).
Struktur, Charakter: Portwein ist voll, warm und süß, soll aber auch noch etwas pikante Frische enthalten, die ihm einen angenehmen Biss verleiht. Dann legt man sich in diese Geschmacksfülle wie in eine Hängematte.

BODENSATZ BEIM LBV-PORT

LBV Port wird in der Regel vor dem Abfüllen so behandelt, dass er keinen Bodensatz mehr bildet. Einige Produzenten steuern den Ausbau aber so, dass sich trotzdem in der Flasche eine Kruste bilden kann. Auf der Flasche steht dann meist »traditional«.

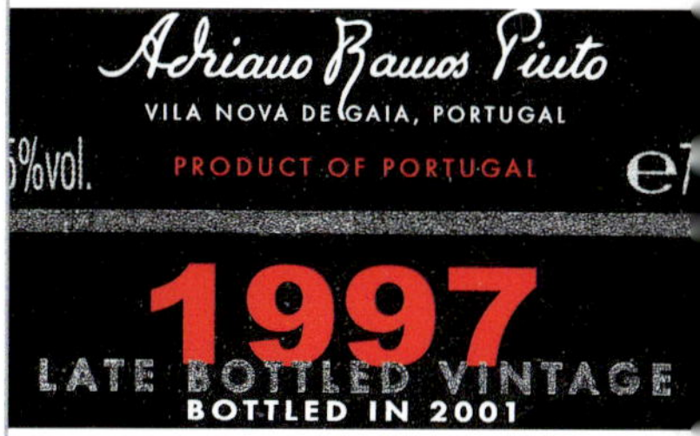

Etikett mit Jahrgang und Abfülljahr

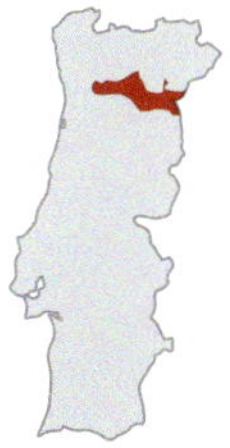

Portugal: Dourotal

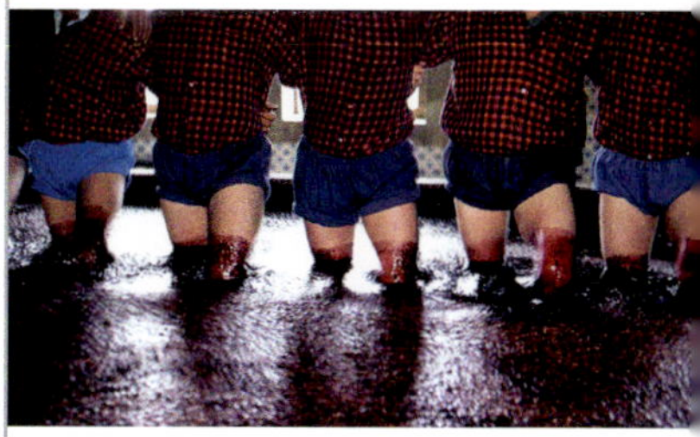

Keine Sorge, die Füße werden vorher gewaschen

Teil 3

Weinwissen

Wie Wein entsteht

Vom Rebstock über die Herstellung
bis zum Ausbau im Fass

Die Traube

Wein wird bekanntlich aus Trauben gemacht, und diese bestehen aus verschiedenen Elementen, die ganz Unterschiedliches zum späteren Charakter des Weins und seiner Qualität beitragen.

Der **Stiel** oder Traubenkamm besteht aus Holz. Da er dem Wein in der Regel nur unerwünschte, harte (eben stielige) Tannine (→ S. 30, 153) und bittere Geschmacksnoten mitgibt, sorgt der Kellermeister dafür, dass der Kontakt zwischen Stiel und Most (Traubensaft) so kurz wie möglich ist. Beim Rotwein heißt das, die Trauben müssen vor der Gärung entrappt, also entstielt werden. Nur wenige Winzer (vor allem in Burgund) sind da anderer Ansicht. Sie schätzen den Tanninbeitrag, den die Stiele ihren eher tanninarmen Weinen schenken. Auch beim Weißwein werden die Trauben in der Regel vor dem Mahlen entrappt, obwohl der Most gleich danach, also schon vor der Gärung, von den Schalen (und Stielen) getrennt wird.

In der **Beerenhaut** stecken die Farbe sowie viele wichtige Aroma- und Gerbstoffe. Je länger Most und Beerenhäute zusammenbleiben, umso intensiver lösen sich diese Stoffe durch den Alkohol der Gärung aus den Häuten. Bei Rotweinen werden die Schalen deshalb immer mit dem Most vergoren. Dadurch erst bekommt er seine rote Farbe, die Fülle des Geschmacks und die edlen Tannine. Bei Weißweinen hingegen soll diese Phase möglichst kurz sein. Das Tannin der Beerenhäute würde ihnen die Frische nehmen. Man presst den Wein deshalb schon vor der Gärung ab (→ S. 125).

Das **Fruchtfleisch** der Trauben ist farblos und trägt vor allem den Saft (Most) und ebenfalls eine ganze Reihe von Geschmacksstoffen bei.

Die **Kerne** enthalten relativ harte Tannine und in ihrem Innern Traubenkernöl. Beide sind im Wein nicht erwünscht. Die Trauben müssen daher so schonend wie möglich gepresst werden, um die Kerne möglichst nicht zu zerquetschen. Dass man die Trauben früher mit den nackten weichen Fußsohlen zertreten und so zerkleinert hat, hatte also schon seinen tieferen Sinn.

Weiße Traube: **Sie ist außen wie innen hell**

Blaue Traube: **Auch bei ihr ist das Fruchtfleisch hell**

Keltern und Pressen

Keltern

Eine der heikelsten Phasen in der Weinbereitung ist der Transport der Trauben nach der Lese (Ernte) in den Keller. Die Trauben müssen diesen Weg möglichst unverletzt überstehen, da sonst schon draußen und womöglich an der Sonne Saft austritt, oxidiert und unkontrolliert zu gären beginnt. Kleine Plastikkörbe, kühles Wetter und eine gute Organisation sind da gefragt. In warmen Ländern wird die Lese der besonders empfindlichen weißen Trauben deshalb oft sogar während der kühlen Nachtstunden durchgeführt.

Im Keller werden die Trauben entstielt und die Beeren möglichst sanft in einer mechanischen Mühle aufgebrochen, damit der Saft austreten und die Hefen (→ S. 123) ihr verdienstvolles Werk beginnen können.

Pressen

Der wichtigste Unterschied bei der Herstellung von Rot- und Weißwein liegt im Zeitpunkt, wann der Wein von den Schalen und Kernen getrennt, das heißt abgepresst wird. Beim Weißwein macht man das schon vor, beim Rotwein erst nach der Gärung (→ rechts).

Pressen von Weißwein

Nach dem Mahlen der Beeren wird der Most (Saft) sofort und vor dem Einsetzen der Gärung abgepresst. Jeder längere Kontakt mit den Häuten, den Kernen oder gar den Stielen wird sorgfältig vermieden, damit keine unerwünschten bitteren Gerbstoffe in den Most gelangen.

Pressen von Rotwein

Rotwein entsteht eigentlich erst dadurch, dass man die gemahlenen Beeren zusammen mit den Häuten, Kernen und dem Fruchtfleisch vergären lässt. Die vielfältigen Farb- und Geschmacksstoffe, die sich vor allem in den Häuten befinden, werden dabei herausgelöst. Der Kellermeister überwacht diesen Prozess Tag und Nacht und legt fest, wann der Most sich mit genügend Farbe, Geschmack und vor allem Tannin (→ S. 30, 153) gesättigt hat, um dem Wein den gewünschten Charakter zu geben. Das kann schon während der Gärung, bei deren Abschluss oder auch einige Tage danach stattfinden. Dann erst wird der Wein abgepresst.

Pressen von Rosé

Er wird nur kurz mit den Schalen vergoren. Mehr über Rosé erfahren Sie auf S. 84.

Weinlese in Burgund

Die Vergärung

Die Hefen

Die mikroskopisch kleinen einzelligen Pilze wandeln den Zucker der Trauben in Alkohol und Kohlensäure um. Aus dem Most (Saft) entsteht dadurch Wein. Wir können den Hefen für diese gigantische Arbeit in der Dunkelheit der Keller nicht genug danken!
Wilde, natürliche Hefen leben in jedem Weinberg auf den Trauben und auch im Keller jedes Winzers. Früher, und oft auch heute noch, brachten die Weinbauern den Trester (die Rückstände nach dem Pressen) und damit auch die Hefen nach der Pressung als Dünger zurück in den Weinberg und sorgten so für einen natürlichen Kreislauf auch der Hefestämme. Jeder Weinberg entwickelte über Jahrzehnte und Jahrhunderte hinweg durch natürliche Selektion seine eigenen Hefen: sie wurden ein Teil des Terroirs (→ S. 154).
Wilde Hefen sind aber, wie ihr Name vermuten lässt, nie ganz berechenbar. Heute ist das vielen Winzern zu riskant. Mit Zuchthefen können sie die Gärung genauer steuern und unkontrollierbare Fehlentwicklungen ausschließen. Ein Stück Individualität und Charakter bleibt dabei natürlich auf der Strecke.

Die Temperatur

Wenn der Kellermeister nicht eingreift, steigt die Temperatur des Mosts während der Gärung kontinuierlich an und erreicht in kurzer Zeit 30 °C und mehr. Das wäre für die Qualität des Weins sehr schädlich: Weißweine verlieren bei diesen Temperaturen ihre Frische und viel von ihren feinsten Aromen, Rotweine schmecken grob und wie gekocht. Stahltanks mit eingebauten Kühlmöglichkeiten sind daher heute Standard in jedem qualitätsorientierten Weinkeller. Fassromantik ade.

Der Hut

Die aufsteigende Kohlensäure treibt während der Gärung die festen Bestandteile im Most, vor allem natürlich die Schalen der Rotweintrauben, nach oben. Sie bilden einen so genannten Hut. Dieser Hut muss immer wieder untergetaucht und mit dem Most vermischt werden, damit sich die Farb- und Geschmacksstoffe aus den Schalen herauslösen können.

Die Gärzeit

Das Ende der Gärung ist erreicht, wenn die Hefen ihre Tätigkeit einstellen. Das geschieht auf natürliche Weise, wenn aller Zucker im Most aufgebraucht ist und die Hefen keine Nahrung mehr finden. Sie verhungern buchstäblich. Der Wein ist dann ganz durchgegoren und knochentrocken. Auf ebenso natürliche Weise stoppt die Gärung, wenn die Alkoholkonzentration etwa 15% erreicht, denn der Alkohol tötet die Hefen ab. Ist zu diesem Zeitpunkt noch Zucker im Wein, bleibt er süß. Viele edelsüße Weine entstehen auf diese Weise. Will der Kellermeister die Gärung zu einem anderen Zeitpunkt unterbrechen, muss er die Hefen vom Most trennen. Das geschieht meist durch Filtrierung.

Die Kohlensäuremaischung

Sie wird auch »macération carbonique« genannt und ist eine Spezialform der Gärung, die besonders im Beaujolais (→ S. 85) gepflegt wird. Die Beeren werden dafür nicht gemahlen. Der Gärprozess findet im Innern der ungemahlenen Beeren unter Sauerstoffabschluss statt. Die Beeren platzen schließlich auf, und der Most tritt aus. Mit dieser Methode bekommt man sehr fruchtige Weine, die wie der Beaujolais jung getrunken werden wollen.

Der Ausbau

Die Klärung des Weins

Nach der Pressung und Gärung (→ S. 122f.) sind die Weine trüb und voller Schwebstoffe (Traubenpartikel und Hefen). Sie müssen geklärt werden. Besonders schonend geschieht das durch sorgfältiges Umfüllen von einem Fass ins andere. So trennt sich der Wein vom Bodensatz. Bis der Wein schließlich schön klar bleibt, muss dieser Vorgang mehrmals wiederholt werden. Neben dieser Prozedur, die man »Abstechen« nennt, werden noch vielerlei andere Mittel eingesetzt, um den Wein zu klären: beim Weißwein oft Filter, beim Rotwein geschlagenes Eiweiß, das sich mit den Trubstoffen im Wein verbindet und sie zu Boden sinken lässt.

Weinkeller mit gestapelten Weinfässern

Die malolaktische Gärung

Sie lässt den Wein im Frühjahr oft noch einmal erwachen. Die Winzer sagen, der Wein wird unruhig, weil er spürt, dass draußen im Weinberg die Knospen treiben. Tatsächlich aber beginnen bei steigenden Temperaturen Bakterien im Wein aktiv zu werden, die die frische Apfelsäure in die weichere Milchsäure umwandeln. Man nennt diesen Vorgang auch den biologischen Säureabbau. Bei allen Rotweinen ist das erwünscht, sie werden dadurch voller und runder, bei den Weißweinen wird es möglichst vermieden, da es ihnen die Lebendigkeit der Apfelsäure raubt. Natürlich warten heute die Kellermeister nicht mehr auf die milden Frühlingslüfte und sperren wie früher die Kellertore auf. Ihre temperaturgeregelten Tanks steuern den »Frühling« mit Hilfe von Computern auf Tag und Grad genau.

Der Fassausbau

Rotweine mit großem Potenzial werden oft in Holzfässern gelagert, das heißt weiter ausgebaut. Besonders die kleinen, aus dem Bordelais stammenden Barriques (→ S. 152) von 225 Litern Fassungsvermögen sind auf der ganzen Welt in Mode gekommen. Der Wein bekommt aus dem Eichenholz des Fasses mehr Kraft und Tannin, neben neuen würzigen Aromen wie Vanille, frischem Toastbrot oder Kaffee und gewinnt so an Komplexität. Auch manch ein Weißwein, besonders solche aus der Chardonnay-Traube (→ S. 135), werden im Fass ausgebaut.

Der richtige Einsatz von Eichenholz erfordert vom Kellermeister in jedem Fall sehr viel Fingerspitzengefühl.

Weißwein

1 Traubenmühle

Die Trauben werden gequetscht, damit der Saft austreten kann. Den so entstehenden Traubenbrei nennt man Maische. Diese wird gekühlt, um einen Gärungsbeginn vor der Pressung zu verhindern.

2 Presse

Die Maische wird gepresst, der Saft (Most) läuft in eine Wanne und wird geklärt.

3 Gärtank

Der geklärte Most wird in gekühlten und geschlossenen Tanks vergoren. Im Gegensatz zur Rotweinherstellung erfolgt die Gärung also ohne Schalen nach der Pressung.

4 Abfüllen

Nach Abschluss der Gärung wird der Wein gefiltert, in Flaschen abgefüllt und ist sofort verkaufsbereit. Einige besonders hochwertige Weißweine werden vor dem Abfüllen wie die Rotweine in Barriques (→ S. 152) ausgebaut.

Rotwein

1 Traubenmühle

Die Trauben werden gequetscht und nach Anweisung des Kellermeisters ganz oder teilweise von den Stielen getrennt.

2 Gärbehälter

Die Maische wird mit den Schalen in offenen Gärbehältern (wie auf der Abbildung) oder in Stahltanks vergoren. Das Kohlendioxid treibt die Schalen nach oben, und es bildet sich ein so genannter Hut. Dieser muss immer wieder untergetaucht werden, damit seine Inhaltsstoffe (vor allem die der Schalen) extrahiert werden können. Im Gegensatz zum Weißwein erfolgt die Gärung also mit den Schalen vor der Pressung.

3 Presse

Nach der Gärung kann der Wein aus dem Gärbehälter abgepumpt werden. Der Bodensatz wird noch ausgepresst, so gewinnt man den Presswein.

4 Reifung

Viele Rotweine werden für eine bestimmte Zeit in Fässern oder Tanks weiter gereift.

5 Abfüllen

Nach dem Abfüllen werden die Rotweine meist noch weiter in den Flaschen gelagert, bevor sie in den Verkauf gelangen.

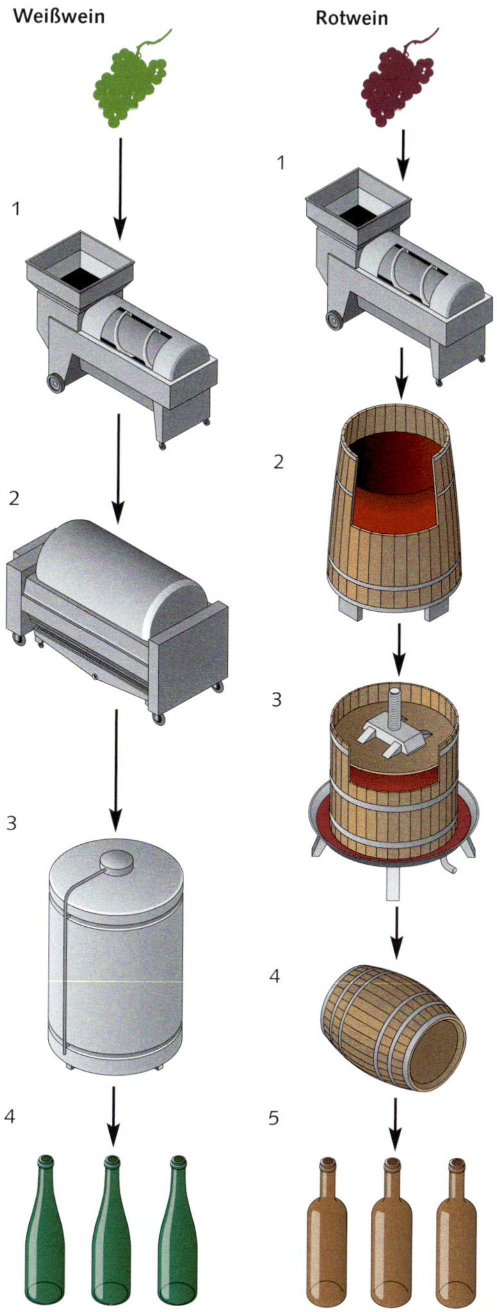

Schaumweine

Wie die Perlen in die Flasche kommen und die zwei Methoden dafür

Das Prinzip ist eigentlich ganz einfach: Gärt der Wein in einem geschlossenen Behälter, kann die Kohlensäure, die dabei entsteht, nicht entweichen, sondern löst sich im Wein. Gleichzeitig erhöht sich auch der Druck. Geschieht das in der Flasche, nennen wir das Verfahren Flaschengärung, geschieht es im Tank, spricht man von Charmat-Methode oder Tankgärungsverfahren.

Im Einzelnen ist alles natürlich viel komplizierter, besonders das **Flaschengärungsverfahren**, nach dem der Champagner (→ S. 42) und viele hochwertige deutsche Sekte, aber auch der spanische Cava (→ S. 109) und andere edle Schaumweine hergestellt werden: Dem fertig vergorenen Grundwein wird vor der Abfüllung in die Flasche eine Mischung aus Zucker und Hefen zugesetzt, die dann in der Flasche gärt. Bei dieser zweiten Gärung setzt sich in der Flasche ein Hefetrub ab, den man durch Rütteln in den Hals der auf den Kopf gestellten Flasche bringt. Dieser Hefetrub wird zu einem Pfropfen vereist und schließlich durch kurzes Öffnen der Flasche »herausgeknallt«. Der Mengenverlust wird ersetzt und die Flasche endgültig verkorkt. Leicht verständlich, dass so hergestellter Wein seinen Preis haben muss.

Bei der **Charmat-Methode** findet die zweite Gärung in großen Edelstahltanks statt. Der Hefetrub kann so vor dem Abfüllen leicht herausgefiltert und der klare Wein anschließend unter Druck abgefüllt werden. Dieses Verfahren ist natürlich viel günstiger und für viele einfachere Schaumweine (Prosecco, Spumante, aber auch viele Sekte) absolut hinreichend. Die Perlen werden bei dieser Methode aber selbstverständlich niemals so fein und edel wie bei der Flaschengärung.

Handarbeit am Rüttelpult in der Champagne

Ist die Bezeichnung »Blanc de Blancs« nicht eine Art weißer Schimmel?

Streng genommen schon. Champagner wird aber normalerweise aus zwei roten (Pinot Noir und Pinot Meunier) und einer weißen (Chardonnay) Rebsorte gekeltert. Kommt ausnahmsweise nur der weiße Chardonnay zum Zug, bezeichnet man diesen Champagner als »Blanc de Blancs«.

Sherry und Port

Wie sie hergestellt werden

Wein ist ein sensibles und rasch verderbliches Gut. Wie es ihm ergangen ist, wenn er früher oft wochenlang im Fass auf Pferdefuhrwerken und Segelschiffen transportiert werden musste, kann man sich leicht vorstellen. Besonders wenn die Wege lang und das Klima heiß waren, ging das auch ziemlich oft schief. Und das war besonders bitter für die Engländer mit ihrer Vorliebe für Weine aus Spanien und Portugal. Was lag da näher, als den Wein durch eine Zugabe von Alkohol (Branntwein) vor der Reise zu stabilisieren. Wenn er dadurch sogar noch besser schmeckte, konnte der Weg gar nicht lang genug sein. Die so genannten verstärkten Weine waren erfunden.

Sherry

Grundlage für die Sherry-Produktion ist ein ganz normaler trockener Weißwein, der zu 90% aus der einheimischen Rebsorte Palomino gewonnen wird. Für den *Fino* verstärkt man ihn mit Branntwein leicht auf etwa 15,5%. Nun geschieht das Mysterium des Sherry: Eine nur hier vorkommende Hefe breitet sich auf dem Wein aus und bildet in den nächsten Monaten auf seiner Oberfläche eine dichte weiße Schicht, den Flor. Sie schützt den Wein vor Oxidation und gibt ihm sein unvergleichliches Nussaroma. *Fino* ist hell, frisch und leicht. Stirbt der Flor ab und der Sherry bleibt weiterhin im Fass, dunkelt er nach, wird weicher und heißt *Amontillado*. Der dritte Sherry-Typ, *Oloroso,* wird bis auf etwa 18% verstärkt, was die Bildung eines Flors verhindert. Er reift oft über Jahrzehnte im Fass, wird dabei dunkel und in der Regel nachträglich gesüßt. Jede dieser Spielarten hat zahlreiche Unterspielarten in allen Qualitätsstufen.

Port

Im Portweingebiet am Douro (→ S. 147) in Portugal wachsen über 80 verschiedene, überwiegend rote Rebsorten, von denen die meisten für den Portwein verwendet werden dürfen. Ihr Zuckergehalt ist hoch und wird nur zur Hälfte zu Alkohol vergoren, weil der Kellermeister die Gärung vorher durch Zugabe von Branntwein abstoppt. So entstehen schwere süße Weine mit einem Alkoholgehalt von 18–22%. Wie geschaffen für die Bewohner der nebelverhangenen britischen Inseln, die in ihren Schlössern vor dem Kaminfeuer frieren.

Die Portweinstile

Ruby ist der einfachste Port. Er wird schon nach zwei bis drei Jahren abgefüllt. Seine Farbe ist »ruby«, also von tiefem Rubinrot.

Tawny lagert länger im Fass und wird dadurch heller, eben »tawny« – rotgolden.

Ruby und *Tawny* werden aus verschiedenen Jahrgängen verschnitten und tragen daher keine Jahrgangsangaben auf dem Etikett.

Late Bottled Vintage Port (LBV) stammt aus einem einzigen Jahrgang und wird nach vier bis sechs Jahren Fassreife trinkfertig abgefüllt.

Vintage Port wird nur in den besten Jahrgängen und aus den besten Trauben hergestellt. Er ist teuer und sagenhaft gut. Nach zwei bis drei Jahren Fassreife kommt er in die Flasche und sollte dort noch für mindestens (!) zwanzig Jahre bleiben.

Die Rotweintrauben

Klassiker

Cabernet Sauvignon

Cabernet Sauvignon ist die klassischste aller Rotweinreben, sie ist weltweit verbreitet, berühmt und hochgeachtet. Ihre Beeren sind klein, dickschalig und reifen spät. Sie liebt daher ein warmes Klima und ergibt dort farbintensive, tanninreiche (→ S. 30, 153) Weine, die in der Jugend oft streng und unzugänglich sind, aber zu prachtvoller Majestät heranreifen können. Wie keine andere Traube vermählt sie sich wunderbar mit der Eichenholzwürze der Barriques (→ S. 152).

Meist wird Cabernet Sauvignon mit anderen Traubensorten verschnitten und bereichert als Vorreiter oder Mitspieler fast jede Assemblage (→ S. 152) mit seiner Struktur und Aromatik. In der Neuen Welt wird er vermehrt auch reinsortig angebaut.

Daran erkennt man Cabernet Sauvignon

Seine Farbe leuchtet mit tiefdunklem Purpur, sein Aroma erinnert an schwarze Johannisbeeren, grüne Paprika, Minze und Zedernholz. Seine besondere Qualität liegt aber in der einmaligen Dichte, zu der er Farbe, Aroma und vor allem auch sein feines Tannin konzentrieren kann. Die schönste Ausprägung seiner Vorzüge entfaltet er nicht mit seinen primären Fruchtaromen, sondern in der Pracht, die er mit der Reife entwickelt.

Hauptanbaugebiete

Bordeaux: Cabernet Sauvignon ist die berühmteste Rebsorte im Bordelais (→ S. 146), kommt aber praktisch nur in Verschnitten (Mischungen) mit Merlot (→ S. 129), Cabernet Franc (→ S. 132) und anderen Rebsorten vor.

Italien: Hier hat Cabernet Sauvignon eine höchst erfolgreiche Karriere als Partner in den »Supertuscans« begonnen (→ S. 143).

Neue Welt: In Kalifornien und Chile wird Cabernet Sauvignon meist reinsortig (→ S. 154) verarbeitet, in Australien oft mit Shiraz (→ S. 131) zu pflaumenfruchtigen und vollmundigen Weinen verschnitten.

Merlot

Die Merlot-Rebe stammt wie der Cabernet aus dem Bordelais (→ S. 146), wo sie die meistangebaute Rebsorte überhaupt ist. Cabernet und Merlot gehören zusammen wie Romeo und Julia. Dem eher strengen, tanninbetonten Cabernet schenkt der Merlot weiblichen Charme, samtene Weichheit und saftige Fülle. Ein Traumpaar, das weltweit in unendlich vielen Variationen immer wieder zusammengefunden und zu Spitzenweinen geführt hat.

Daran erkennt man Merlot

Merlot ist immer weich, üppig, voller Fruchtsüße und alkoholstark, dafür eher tanninarm. Typische Aromen sind schwarze Kirschen, Pflaumen und schwarze Johannisbeeren.

Hauptanbaugebiete

Bordeaux: Merlot ist wichtiger Bestandteil der klassischen Bordeaux-Mischung (neben Cabernet Sauvignon und Cabernet Franc [→ S. 132]).

Italien: Im Nordosten Italiens ist Merlot sehr beliebt: Friaul, Trentino, Veneto, Südtirol, Emilia-Romagna. Von hier aus ist der Merlot bis ins schweizerische Tessin vorgedrungen.

Neue Welt: Besonders aus Kalifornien und Chile kommen immer mehr wunderbare Merlot-Weine.

Kann man aus roten Trauben auch Weißwein herstellen?

Paradoxerweise ja. Da der rote Farbstoff ausschließlich in den Häuten der Trauben sitzt und erst bei der Gärung herausgelöst wird, ist auch der Saft aus roten Trauben weiß. Presst man ihn vor der Gärung ab, entsteht Weißwein.

Pinot Noir

Pinot Noir ist ein sensibles Gewächs. Obwohl die Traube nur in relativ kühlen Gegenden gedeiht, ist sie frostempfindlich. Sie ist fäulnisanfällig und kann je nach Standort völlig verschiedenartige Weine hervorbringen. Außer im Champagner (→ S. 42) lässt Pinot Noir sich schlecht mit anderen Rebsorten mischen, und neues Eichenholz bekommt ihm selten gut. In seiner burgundischen Heimat entstehen aus ihm aber Weine von solcher Magie, dass die Winzer auf der ganzen Welt immer wieder versucht sind, sie zu imitieren.

Daran erkennt man Pinot Noir

Die Farbe des Pinot Noir ist helles Rubin, in der Jugend duftet er nach Himbeeren, Kirschen und Erdbeeren, gereift kommen Noten von Unterholz und Wild dazu.

Im Vergleich zu seinen beiden französischen Konkurrenten – Cabernet und Syrah – ist er eher tanninarm und bietet oft auch schon in der Jugend ein großes Trinkvergnügen.

Hauptanbaugebiete

Burgund: Pinot Noir ist die rote Rebsorte der Côte d' Or. Nirgendwo auf der Welt erbringt er Weine von solcher Größe und Eleganz.

Champagne: In vielen Champagnern ist Pinot Noir der Hauptbestandteil (neben Pinot Meunier und Chardonnay).

Deutschland: Das neu erwachte Interesse für eigene Rotweine hat dem Blauen Spätburgunder, wie der Pinot Noir hierzulande heißt, eine neue Karriere eröffnet. Die Anbauflächen in Baden und in der Pfalz sind massiv gewachsen. Neben den traditionellen Weinen entstehen immer mehr körperreiche Weine nach burgundischem Vorbild.

Österreich, Schweiz: In Österreich ist die Sorte nicht weit verbreitet, in der Schweiz heißt sie Blauburgunder und kommt in allen Gegenden vor.

Neue Welt: In den kühlen Gegenden Kaliforniens, Oregons und Neuseelands könnte er eine neue Heimat finden.

Syrah

Ihre Ahnenreihe verliert sich im Dunkel der Geschichte und führt uns vielleicht sogar zurück bis zur persischen Stadt gleichen Namens. Heute verbinden wir sie mit dem oberen Rhône-Tal (→ S. 145), von wo aus sie sich seit den siebziger Jahren flussabwärts über ganz Südfrankreich und flussaufwärts bis ins Wallis (→ S. 141) ausgebreitet hat. Sie gehört zu den ganz großen Rotweintrauben der Welt, kann aber nur in einem relativ schmalen Klimaband Höchstleistungen erbringen, denn sie braucht Wärme, darf aber nicht zu schnell reifen.
Der Sprung über alle Weltmeere hat ihr ganz neue Dimensionen eröffnet, sie aber auch etwas zu einer Modesorte werden lassen.

Daran erkennt man Syrah

Syrah-Weine sind dicht, oft beinahe ölig, fast schwarz und intensiv in Aroma und Tannin, man erkennt sie relativ leicht an ihrem pfeffrigen Duft und dem Geschmack von Pflaumen und dunkler Schokolade.

Hauptanbaugebiete

Rhône: Die Syrah dominiert die obere Rhône mit den berühmten reinsortigen (→ S. 156) Weinen Hermitage, Côte Rôtie, Cornas usw. An der südlichen Rhone herrscht zwar Grenache vor, in den meisten Weinen ist Syrah aber mit enthalten. Die mit Syrah bestockte Fläche in Südfrankreich hat sich in den letzten drei Jahrzehnten mehr als verzehnfacht und weit über das Rhône-Tal hinaus ausgeweitet. Insbesondere im Languedoc hat sie einen regelrechten Siegeszug erlebt. Hier bereichert sie als »Verbesserungssorte« die Weine aus den traditionellen Rebsorten, wird aber immer mehr auch reinsortig ausgebaut.
Australien: Unter dem Namen Shiraz hat sie hier im 19. Jh. eine neue Heimat gefunden und ist heute die meistangebaute Rebsorte des Kontinents. Oft wird sie mit Cabernet Sauvignon gemischt.

Andere wichtige Rotweintrauben

Barbera
Der Schwerpunkt dieser Rebsorte liegt im Piemont (Barbera d'Asti, Barbera d'Alba). Sie ergibt kräftige, tanninarme Weine mit frischer Säure und ausgeprägtem Fruchtaroma (Pflaumen, Kirschen). Jung sind diese Weine am besten.

Cabernet Franc
Cabernet Franc wird im Bordelais, besonders im Saint-Emilion, als Verschnittwein (also als Partner anderer Rebsorten) verwendet. Er ist weniger körper- und tanninreich als sein berühmter großer Verwandter Cabernet Sauvignon (→ S. 128). Reinsortig wird er an der mittleren Loire und im Friaul ausgebaut. Er besitzt ein intensives kräuterwürziges Aroma, das auch grasig werden kann.

Gamay
Das Kernland der Gamay-Traube ist das Beaujolais, von hier stammen ihre besten Weine. Nennenswerte Bestände gibt es noch an der Loire und in der Westschweiz. Ihre Weine sind leicht, frisch, fruchtig, säurearm und wunderbar fruchtig (Himbeeren, Bananen) und daher in der Jugend am besten.

Grenache (Garnacha)
Grenache ist die meistangebaute Rebsorte in Spanien. In Frankreich ist sie im Midi und an der unteren Rhône weit verbreitet, meist allerdings als Verschnittpartner. Sie erbringt eher helle, süße, oft ausgesprochen würzige (Lorbeer, Pfeffer) und tanninarme Weine. Dadurch eignet sie sich besonders gut für die Herstellung von Rosés. Ihr Potenzial zu Größe zeigt sie aber in den grandiosen Weinen aus dem Priorat in Spanien und als wesentliche Mitspielerin in den Weinen von Châteauneuf-du-Pape (→ S. 96).

Malbec
Malbec spielte früher als Verschnittwein in Bordeaux eine große Rolle, heute wächst er in Europa hauptsächlich in Cahors (Südwestfrankreich). Eine neue Karriere hat er in Argentinien gestartet. Seine Weine sind dunkelkonzentriert, samtig weich und voller Würze.

Nebbiolo
Die besten Nebbiolo-Weine stammen aus Nordwestitalien, vor allem aus dem Piemont. Hier schenkt uns diese Traubensorte mit Barolo und Barbaresco Weine von Weltformat. Gattinara und Valtellina, die ebenfalls von Nebbiolo gekeltert werden, sind demgegenüber eher nebensächlich. Die Traube ist reich an Tannin, Säure und Pigment und braucht daher eine längere Reifezeit, um ihre Strenge zu mildern und ihre verführerischen Aromen von Teer, Trüffeln und Rosen zu entwickeln.

Tempranillo
Reinsortig oder verschnitten ist Tempranillo in ganz Spanien und bis nach Portugal verbreitet. Ihren bedeutendsten Beitrag leistet diese Traube aber in Rioja und in Ribera del Duero. Gute Säure und kräftiges Tannin ergeben alterungsfähige Weine mit Aromen von schwarzen Beeren, Gewürzen und Tabak.

Sangiovese
Die Heimat des Sangiovese ist die Toskana, wo er eine ganze Familie von Unterarten entwickelt hat. Eigene Varietäten ergeben den Chianti, den Vino Nobile di Montepulciano, den Brunello di Montalcino usw. Hier erbringt er Weine mit saftiger Säure, fruchtigen und blumigen Aromen, manchmal mit einem Anflug von Erde und Stallgeruch. Auch sonst wird in Italien viel Sangiovese angebaut, aber nicht in vergleichbarer Qualität.

Die Weißweintrauben

Klassiker

Riesling

Die beiden größten Weißweinreben der Welt heißen Chardonnay (→ S. 135) und Riesling. Ihre Popularität ist aber nicht vergleichbar: Während Chardonnay boomt, fristet Riesling eher ein Schattendasein. Seine Säure ist zu präsent und sein Alkoholgehalt zu niedrig für den modischen Geschmack.

Der Riesling liebt das kühle Klima, das er von seiner Heimat an Rhein und Mosel gewöhnt ist. Aber nur an wirklich sonnigen Lagen und nach langen milden Herbsttagen entfaltet er sein ganzes Potenzial an Frucht und Eleganz. Wie wenige andere Rebsorten kann er die Eigenheiten seines Terroir (→ S. 154) in feinen Nuancen zum Ausdruck bringen.

Riesling gibt es in vielen Spielarten, von trocken über lieblich bis edelsüß. Seine Säure kann sich mit den süßen Komponenten und den intensiven Aromen zu vollendeter Harmonie verbinden.

Daran erkennt man Riesling

Riesling ist eine sehr aromatische Rebsorte, er duftet intensiv nach Äpfeln, Pfirsichen, Lindenblüten und Honig. Je nach Lage kommen noch mineralische Noten dazu. Reifer Riesling kann sogar nach Petroleum »duften« – von Kennern sehr geschätzt. Immer besitzt er eine klare, rassige Säure.

Hauptanbaugebiete

Deutschland: Riesling ist die Hauptrebsorte Deutschlands. An Rhein und Mosel findet sie ihren großartigsten Ausdruck.

Elsass: Im Allgemeinen sind die Rieslinge hier alkoholstärker als in Deutschland.

Österreich: Besonders aus der Wachau, dem Kremstal und dem Kamptal stammen trockene reintönige Weine, die zur Spitzenklasse gehören.

Neue Welt: Australien steht mengenmäßig und qualitativ an der Spitze, aber auch in Neuseeland und in den kühlen Gegenden von Washington und Ontario entstehen delikate Gewächse, ja sogar kanadischer »Icewine«.

Chardonnay

Chardonnay ist, was man daraus macht. Die Traube ist ein Chamäleon, das sich von Klima und Boden, besonders aber von der gestalterischen Hand des Kellermeisters willig formen lässt. Sogar den Ausbau in Barriques (→ S. 152) übersteht sie als einzige Weißweintraube oft (aber längst nicht immer) mit Gewinn. Ihre Art ist edel, schließlich stammt sie aus dem vornehmen Burgund. In den letzten 25 Jahren wurde Chardonnay allerdings zu »everybodys darling«, was ihm nicht nur gut bekam. Leicht ist es allerdings nicht, einen schlechten Wein aus ihm zu machen.

Heute wird Chardonnay beinahe auf der ganzen Welt angebaut. In den Vereinigten Staaten ist er sogar fast zu einem Synonym für Weißwein geworden.

Daran erkennt man Chardonnay

Sein Charakter ist sehr wandlungsfähig: In kühlem Klima angebaut schenkt er uns eher schlanke, elegante und doch körperreiche Weine, im wärmeren eher fette, üppige »Fruchtsalate«. Typische Aromen sind Butter, Nüsse, Äpfel, Melonen, Ananas. In Barriques (→ S. 152) ausgebaut wird seine Farbe tiefer, er wird milder und bekommt Noten von Vanille, Toastbrot und Kokosnuss.

Hauptanbaugebiete

Burgund: Alle wichtigen weißen Burgunder, auch der Chablis, werden aus der Chardonnay-Traube gewonnen. Hier entstehen, neben den Rieslingen Deutschlands, wohl die besten Weißweine der Welt. Die Traube reagiert so sensibel auf die verschiedenen Terroirs (→ S. 154), dass Kenner oft schon im Duft des Weins den Ursprungsweinberg mit großer Sicherheit erkennen.

Champagne: Champagner besteht meist aus 50–70 % Chardonnay (im Blanc de Blancs zu 100 %), dazu treten die roten Rebsorten Pinot Noir und Pinot Meunier.

Neue Welt: Aus Kalifornien und vor allem auch aus Australien stammen Spitzen-Chardonnays mit oft intensiver tropischer Frucht und (leider) oft ebenso intensivem Eichenholzgeschmack.

Andere wichtige Weißweintrauben

Chasselas/Gutedel
Chasselas wird in Frankreich und Italien heute meist nur noch als Tafeltraube angebaut. In der Westschweiz ist sie jedoch die wichtigste Rebsorte überhaupt und ergibt Weine, die das Terroir (→ S. 154) sehr schön spiegeln können. Die Weine reichen von leicht und blumig-fruchtig am Genfer und Neuenburger See bis körper- und alkoholreich im Wallis, wo sie Fendant genannt werden. Im badischen Markgräflerland heißt die Chasselas Gutedel.

Gewürztraminer
Das Hauptanbaugebiet des Gewürztraminers liegt im Elsass. Wunderbare Weine dieser Rebsorte kommen aber auch aus Deutschland, Österreich, Südtirol und Kalifornien. Die Weine sind alkoholstark und hoch aromatisch. Sie verströmen einen unverwechselbaren Duft nach Litschi, Rosen und Muskat. Gewürztraminer wird trocken, lieblich und edelsüß ausgebaut.

Grüner Veltliner
Mehr als ein Drittel der Rebfläche Österreichs ist mit dieser ertragreichen Sorte bepflanzt. Sie ergibt sowohl einfachen Heurigen, bei Ertragsbeschränkung aber auch eindrückliche pfefferwürzige, trockene Weine, ja sogar langlebige Spitzengewächse. Er verführt mit einem breiten Aromaspektrum: Zitrusfrüchte, frisches Gras, Aprikosen und pfeffrige Würze.

Müller-Thurgau
In Deutschland, der Deutschschweiz, Österreich und Südosteuropa ist Müller-Thurgau weit verbreitet. Sein gefälliges Muskataroma macht ihn zwar populär, für wirklich großen Wein ist er aber zu flach. Er stammt vermutlich aus einer Kreuzung von Riesling × Chasselas, sein anderer Name Riesling × Silvaner muss daher wohl aufgegeben werden.

Pinot Gris/Grauburgunder
Pinot Gris heißt in Deutschland Grauburgunder oder Ruländer, im Elsass Tokay (d'Alsace), in Italien Pinot Grigio und im Wallis Malvoisie. Im Elsass, in Baden, Württemberg und der Pfalz entstehen aus dieser Traube vollmundige Weine, die nach Birnen, Feigen und Nüssen duften. Der »Pinogritscho« vom Italiener ums Eck stammt tatsächlich aus der gleichen Familie. Ein bisschen peinlich ist das schon.

Sauvignon Blanc
Sortenrein werden aus dieser Traube neben den berühmten Weinen der Loire auch herrliche Tropfen im Friaul und in Neuseeland gekeltert. Sie sind leicht zu erkennen an ihrem Duft nach Stachelbeeren und frisch gemähtem Gras. Als Verschnittpartner mit Sémillon spielt Sauvignon Blanc in den trockenen weißen, aber auch in den edelsüßen Weinen aus Bordeaux eine wichtige Rolle.

Sémillon
Reinsortig oder zusammen mit Sauvignon Blanc werden aus Sémillon fast alle trockenen Weißweine im Bordeaux gekeltert. Wirklich einmalig und weltberühmt ist die Traube aber wegen ihres Beitrags zu den Süßweinen in Sauternes und Barsac. Ihr Aromaspektrum umfasst Birnen, Feigen, Honig und Nüsse und reift zu Üppigkeit und Fülle.

Silvaner/Sylvaner
Aus Österreich, wo er heute praktisch nicht mehr angebaut wird, kam der Silvaner in seine neue Heimat nach Franken, wo er erdige, trockene und feine Weine hervorbringt. Außerhalb Deutschlands wächst er im Elsass (ohne besonders aufregendes Resultat) und im Wallis, wo er süffig-aromatischen Johannisberger erbringt.

Die wichtigsten Weinländer

Deutschland

Der größte Teil der deutschen Weinberge sucht in den warmen Talgründen der Flüsse Schutz und Schirm vor dem nördlichen Klima mit seinen tiefen Temperaturen und harten Wintern: Die Mosel mit ihren Nebenflüssen Saar und Ruwer, die Nahe, der Main und der Neckar bilden zusammen das Einzugsgebiet des Rheins. Sie formen eine verästelte, nischenreiche Weinlandschaft mit unendlich vielen geologischen und klimatischen Varianten. Neu hinzugekommen sind die östlichen Flusstäler von Saale, Unstrut und Elbe. Große Flächen kann man in allen Gebieten kaum mit Reben bepflanzen. Deutschland ist und bleibt daher mengenmäßig nur ein Kleiner unter den Großen. Allerdings wächst hier ein echtes Juwel, der größte Weißwein der Welt: der Riesling (→ S. 134).

Die Sprache des Etiketts

Qualitätsstufen

Qualitätsweine bestimmter Anbaugebiete (QbA): Amtlich geprüfte Qualitätsweine einfacher Qualität, die oft mit Zucker angereichert (chaptalisiert) sind

Qualitätsweine mit Prädikat: Amtlich geprüfte Qualitätsweine höherer Qualität, die nicht mit Zucker angereichert (chaptalisiert) werden dürfen

Kabinett: Prädikat für leichtere Weine

Spätlese: Prädikat für Weine, die aus hochreifen Trauben stammen

Auslese: Prädikat für Weine aus hochreifen Trauben, oft mit etwas Edelfäule und Restsüße

Beerenauslese: Prädikat für Süßweine aus edelfaulen Trauben

Eiswein: Prädikat für Eiswein

Trockenbeerenauslese (TBA): Prädikat für edelste Süßweine aus handverlesenen Beeren edelfauler Trauben

Mosel-Saar-Ruwer

Flusswindung um Flusswindung schneidet die Mosel neue nach Süden geöffnete Steilhänge aus dem schiefrigen Boden. In halsbrecherischer Handarbeit werden hier an den Steilhängen die Reben bearbeitet und ergeben feinsten fruchtig-mineralischen Riesling (→ S. 55, 115). Leider sei gleich ein Warnschild aufgestellt: Gerade hier floriert aber in den flachen Bereichen auch der Massenweinbau und profitiert vom großen Ruf der Mosel (und der Gesetzgeber gibt seinen Segen dazu).

Rheingau

Dreißig Kilometer lang fließt der Rhein zwischen Mainz und Bingen von Osten nach Westen. Sein Nordufer bildet hier einen perfekten Südhang. Zu seinen Füßen zieht breit und träge der Strom und verwöhnt die Reben mit seinem Licht und seiner Wärme. Im Rheingau wächst fast ausschließlich Riesling (→ S. 43, 134). »Der Rheingauer kann den edelsten Charakter aller deutschen Weine erreichen« (Hugh Johnson).

Rheinhessen

Südlich des Rheingaus zieht sich eine sanfte, von Reben und Feldern bedeckte Hügellandschaft bis hinunter nach Worms: Rheinhessen, das größte deutsche Weinbaugebiet. Im Inneren dieses weiten Bogens wachsen sehr unterschiedliche Weine von ebenso unterschiedlicher Qualität: Müller-Thurgau (→ S. 136), Riesling (→ S. 134), Silvaner (→ S. 136), Kerner, Scheurebe und viele andere mehr. Von der Rheinfront im Osten zwischen Oppenheim

Burg Metternich in Beilstein an der Mosel

und Nackenheim kommt allerdings ein kleines Riesling-Wunder, ermöglicht durch einen Steilhang aus rotem Tonschiefer.

Franken

Der Main ist der Fluss des Frankenweins. An ihm entlang zieht sich der Weinbau bis weit nach Osten mit der Stadt Würzburg als Zentrum. Seine Traube ist der Silvaner (→ S. 60, 136), der hier kräftige, trockene und erdige Weine mit erstaunlicher Lebenskraft erbringt. Die Flasche des Frankenweins ist der traditionelle Bocksbeutel, der schon manchen Weinliebhaber vor ein Stapelproblem gestellt hat.

Pfalz

Die Pfalz setzt das Elsass auf deutschem Boden nach Norden fort: Das Weinbaugebiet ist ein 80 km langer Hang mit sehr unterschiedlichen Böden und Rebsorten. Neben einigen berühmten Winzern in der Mittelhaardt, die vor allem Riesling (→ S. 134) anbauen, und dem Süden mit bemerkenswerten Rotweinen gibt es eine Vielzahl aufstrebender Erzeuger, die die Pfalz zu einem lohnenden Revier für Entdeckungsfahrten machen.

Baden

Baden bildet die wärmste Ecke Deutschlands. Von der Talsohle des Rheins bis hinauf zu den Tannenwäldern des Schwarzwalds stehen die Reben auf einem über 200 km langen Band zwischen Basel und Mannheim. Die besten Weine reifen auf den Hügeln rund um den Kaiserstuhl, einen erloschenen Vulkan mitten in der Rheinebene. Hier gedeiht der rote Spätburgunder in für Deutschland einmaliger Farbtiefe und Geschmacksfülle neben den weißen Grauburgundern (→ S. 136), Weißburgundern und Silvanern (→ S. 136).

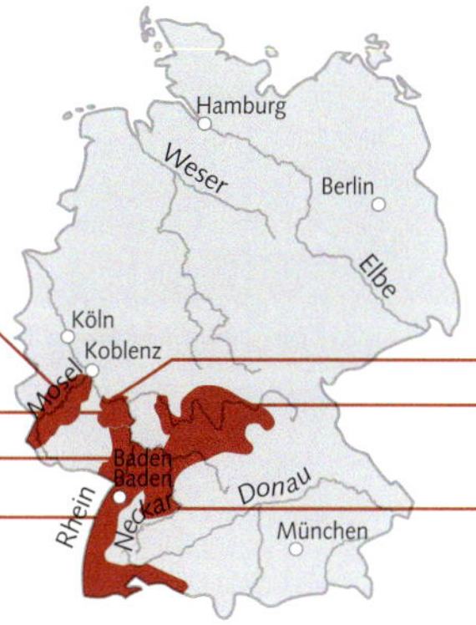

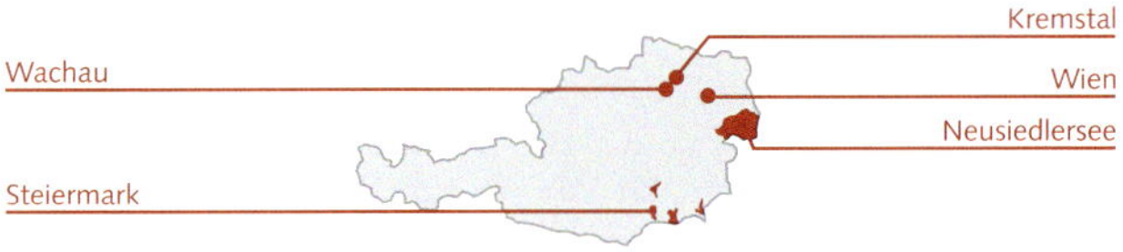

Österreich

Die österreichischen Weinberge liegen alle ganz im Osten des Landes nahe der Grenze zu Ungarn und Slowenien. Die Verwandtschaft der Weine über diese Grenzen hinweg ist überall spürbar. Das Klima ist kontinental mit heißen Sommern und frostigen Wintern, was den Weinen Stärke und Finesse verleiht.

In der malerischen **Wachau** mit dem angrenzenden **Kremstal** wachsen auf steilen Terrassen die berühmtesten Weine des Landes: konzentrierte, nuancenreiche Rieslinge (→ S. 134) neben pfefferwürzigen Grünen Veltlinern (→ S. 49).

Der flache **Neusiedler See** hüllt sich und seine Ufer im Herbst in warme Nebel, darin reifen die Edelsteine Österreichs, edelsüße Weine – aber auch seine besten Rotweine, zum Teil aus einheimischen Reben (Zweigelt, St. Laurent).

Sogar die Hauptstadt **Wien** liegt wie keine andere Kapitale der Welt eingebettet in Weinberge, aus denen der Heurige (frischer Wein desselben Jahres) direkt in ihre Adern zu fließen scheint.

In der **Steiermark** ganz im Südosten ist auch das Friaul nicht fern; hier gedeihen intensive sortenreine Sauvignon Blancs (→ S. 136) und Chardonnays (→ S. 135).

Österreichische Weinkategorien

Tafelwein und **Landwein** sind die untersten Stufen; sie dürfen nicht in 0,75- l-Flaschen abgefüllt werden.

Qualitätswein liegt eine Stufe darüber und umfasst die Kategorien Qualitätswein und Kabinett.

Prädikatsweine werden wie in Deutschland wiederum in Unterkategorien gegliedert (zu denen aber Kabinett nicht gehört). In aufsteigender Reihe sind dies: Spätlese, Auslese (höheres Mostgewicht) und die Spezialitäten Strohwein (aus teilgetrockneten Trauben), Eiswein, Beerenauslese, Trockenbeerenauslese.

Die **Wachau** besitzt ihr eigenes System mit drei Qualitätsstufen: *Steinfeder*, *Federspiel* und *Smaragd*, die sich durch ihr Mostgewicht (→ S. 154) unterscheiden.

Stein bei Krems an der Donau

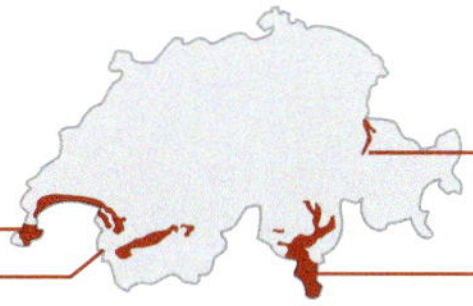

Schweiz

Die Schweiz ist kulturell und geografisch reich gegliedert, hier wächst in fast jeder Ecke Wein: in den Alpentälern, im mediterranen Tessin, an den lieblichen Ufern der Seen, in der deutschen, französischen und in der italienischen Schweiz. Immer mehr Winzer bringen diese Vielfalt zum Ausdruck.

Das **Wallis** ist eine weite abgeschlossene Tallandschaft inmitten der Alpen. Der Wein wächst hier auf zum Teil atemberaubenden Steilhängen: kräftiger, konzentrierter Fendant aus der Chasselas-Traube (→ S. 136), aromatischer Dôle (ein Verschnitt → S. 154, aus Pinot Noir → S. 130 und Gamay → S. 132) und eine ganze Reihe lokaler Spezialitäten.

Wer sich für alte Rebsorten interessiert, findet im Wallis ein kleines Paradies. Diese Landschaft ist seit der Antike ein Kreuzungspunkt vieler Straßen und Passübergänge, über die sich Reben verbreiten konnten. Gleichzeitig ist sie aber auch ein geschlossener Raum, in dem diese Pflanzen über Jahrhunderte hinweg alle Moden überlebten. Über vierzig verschiedene, meist autochthone Rebsorten (→ S. 152) birgt diese Schatzkammer noch heute.

Weiter westlich spiegelt der **Genfer See** die Sonne und durchflutet seine Ufer mit Licht und milder Wärme. Hier gedeiht bis hinunter nach Genf ebenfalls hauptsächlich Chasselas, er ist aber leichter, frischer und blumiger.

In der deutschsprachigen **Ostschweiz** und insbesondere in der innovationsfreudigen **Bündner Herrschaft** werden zum Teil eindrucksvolle, saftige Blauburgunder gekeltert.

Das italienischsprachige **Tessin** schaut mit dem Merlot del Ticino önologisch schon über die Grenze nach Oberitalien.

Darf man einem Wein tatsächlich Zucker beifügen?

In sonnenarmen Gegenden oder Jahren entwickelt die Traube zu wenig Fruchtzucker für einen Wein von anspruchsvoller Qualität. Dort und dann darf der Winzer (innerhalb klarer Vorschriften) zum Zuckersack greifen, um diesen Mangel auszugleichen. Der Fachmann tarnt diesen Vorgang mit dem schönen Wort »chaptalisieren«. Die Hefen kümmert das wenig: sie verwandeln diesen Zucker genau wie den Traubenzucker in Alkohol.

Verschneite Weinberge bei Chamoson im Wallis

Italien

Die alten Griechen nannten Italien *Oinotria,* das vom Wein gesegnete Land. Und das ist Italien auch heute noch. Vom rauen Aosta-Tal im Norden bis zur sonnengerösteten Insel Pantelleria auf der Höhe Tunesiens wächst Wein in einer unerschöpflichen Vielfalt der Stile, Rebsorten und Traditionen.

Piemont

Im Piemont ist das Meer weit entfernt. Fleisch und Käse, Wild und Trüffeln prägen die Küche. Dazu passen auch die Weine, die hier aus der Nebbiolo-Traube (→ S. 132) gekeltert werden: Barolo und Barbaresco. Sie gehören zu den größten Weinen der Welt, sind erdhaft, tanninbetont und brauchen Jahre oder sogar Jahrzehnte, um ihren einmaligen Charakter zu entwickeln. Dann duften sie nach Rosen und Brombeeren, aber auch nach Trüffeln und Teer. Der Herbst ist ihre Jahreszeit.

Daneben haben würziger Barbera, weicher mandelduftiger Dolcetto, sowie – in der Gegend von Asti – schäumender Weißwein aus der aromatischen Moscato-Traube in den letzten 20 Jahren internationales Niveau erreicht.

Veneto

Im Hinterland Venedigs südlich und östlich des Gardasees erstreckt sich die Gartenlandschaft des Veneto. Hier wächst der weiße Soave aus der Garganega-Traube. Als neutraler Massenwein füllt er die Exportmärkte, seine besten Repräsentanten aber sind fein und duften nach Zitronen und Mandeln. Ähnlich breit gefächert ist das Qualitätsspektrum bei den Rotweinen: der leichte, hellrote Valpolicella kann in der Hand des richtigen Winzers zu Frucht und Schmelz aufblühen. Der süße Recioto und der trockene Amarone werden aus teilgetrockneten Trauben hergestellt, sind schwer, alkoholreich und von geradezu überwältigender Fülle.

Friaul

Im Friaul kreuzen sich die Wege und Kulturen. Slowenien und Österreich sind näher als »Italien«. Hier reifen die kostbarsten Weißweine des Landes: Körperreiche intensive Tropfen aus einer einheimischen, eigenartigerweise Tocai genannten Rebsorte (ist sie doch weder mit dem Tokay d'Alsace noch mit

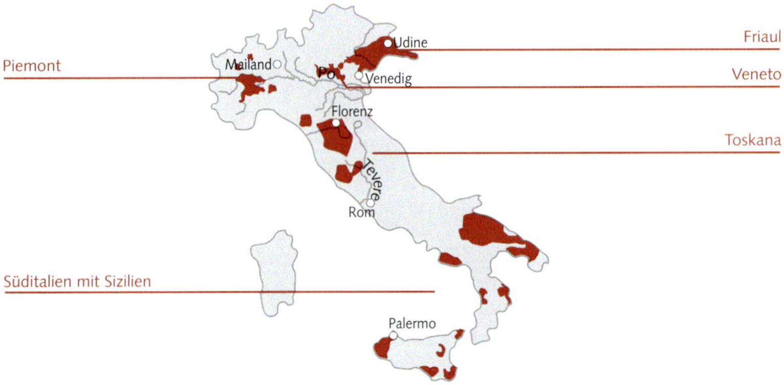

dem ungarischen Tokaji verwandt), ferner Pinot Grigio (→ S. 136), Sauvignon Blanc (→ S. 136) und natürlich auch Chardonnay (→ S. 135). Die Region beschenkt uns mit einigen erstaunlichen Rotweinen: mit weichem, mundfüllendem Merlot (→ S. 129) und mit Cabernet Sauvignon (→ S. 128).

Toskana

Das Herz Italiens ist die Toskana, das Herz der Toskana das Chianti-Gebiet und das Herz des Chianti-Gebiets wiederum der Chianti Classico, der italienischste aller italienischen Weine. Es gibt ihn in einfacher, guter und großartiger Qualität, aber immer ist er ein DOCG-Wein (siehe Kasten). Seine Hauptrebsorte ist der Sangiovese (→ S. 132) mit geringen Anteilen anderer Trauben. Um diesen Kern gruppiert sich ein halbes Dutzend anderer Chianti-Regionen, die zwar weniger berühmt sind, aber dem großen Bruder durchaus ebenbürtig sein können. Zwei ganz eigenständige Weinpersönlichkeiten treffen wir im Süden und Südosten der Toskana: den Respekt erheischenden Brunello aus Montalcino und den etwas zugänglicheren Vino Nobile aus Montepulciano, beide aus regionalen Klonen der Sangiovese-Traube.

Seit den 1980er-Jahren experimentieren einige der besten Weingüter der Toskana mit fremden Rebsorten, die sie mit Sangiovese verschneiden. Da diese Weine den DOCG-Vorschriften nicht entsprachen, wurden sie trotzig als einfache »Vini da Tavola« deklariert. Die überraschte Weinwelt ehrte sie mit dem Adelstitel »Supertuscans«.

Süditalien

Süditalien ist im Aufbruch. Bis vor wenigen Jahren halfen seine starken dunklen Weine manchem schwächelnden Chianti oder Barolo, sein Gesicht zu wahren. Nun entdecken die süditalienischen Regionen ihr Potenzial und entwickeln ein neues Selbstbewusstsein.

Die Sprache des Etiketts

Qualitätsstufen	Andere Angaben
Denominazione di Origine Controllata (DOC): Staatliche Herkunfts- und Produktionsgarantie **Denominazione di Origine Controllata e Garantita (DOCG):** Staatliche Herkunfts- und Produktionsgarantie für die besten italienischen Weinregionen **Indicazione Geografica Tipica (IGT):** Einfacher Wein aus einer bestimmten Region bzw. Weine, die noch keinen DOC-Status haben **Vino da Tavola:** Einfacher Wein. Wird aber oft auch für Spitzenweine benutzt, die den staatlichen Vorschriften nicht entsprechen	**Classico:** Kerngebiet einer Appellation **Imbottigliato all'origine:** Erzeugerabfüllung **Riserva:** Längere Reifung **Superiore:** DOC-Wein von höherer Qualität

Frankreich

Was in der Literatur Goethe, Shakespeare und Dante bedeuten, sind beim Wein Bordeaux, Burgund und die Champagne. Atlantik und Mittelmeer, die langen Flusstäler der Rhône und der Loire, die Kieshügel des Bordelais, der Kalk Burgunds und die Kreideböden der Champagne bilden das Terroir (→ S. 154). Eine unübersehbare Vielfalt an Rebsorten wurde in diesen Landschaften heimisch, und zwei Jahrtausende Geschichte und Streben nach Qualität formten eine einmalige Fülle an unverwechselbaren Weinpersönlichkeiten.

Champagne

Die Champagne bildet ein flacher Rücken aus weißer, weicher Kreide. In ihrer Tiefe haben die Champagnerhäuser ein riesiges Labyrinth von Kellern angelegt, auf ihrer Oberfläche wächst ein Wein, den es eigentlich gar nicht geben dürfte: zu nördlich ist die Lage und zu karg der Boden. Der Champagner ist ein Produkt aus zwei Rotweinsorten, die weiß gekeltert werden (Pinot Noir → S. 130) und Pinot Meunier), und einer Weißweinsorte (Chardonnay → S. 135). Eine zweite Gärung erfolgt in der Flasche, so entsteht die Kohlensäure, die sich im Wein löst und uns nachher im Glas mit ihren Perlen erfreut (→ S. 42, 126).

Elsass

Zwischen Thann und Strassburg erstreckt sich am Osthang der Vogesen über mehr als hundert Kilometer Länge das Weinbaugebiet des Elsass. Der Rhein und die badischen Nachbarn sind fast immer in Sichtweite und auch die Rebsorten sind die gleichen wie »drüben«, allerdings französisch interpretiert: ebenso fruchtig, aber trocken, appetitanregend und eher alkoholstark (man scheut die Zugabe von Zucker nicht). Sie werden weitgehend reinsortig gekeltert und tragen die Rebsorte immer auf dem Etikett: Riesling (→ S. 134), Sylvaner (→ S. 136), Tokay (Pinot Gris → S. 136) und Gewürztraminer (→ S. 136).

Burgund

Das Herz Burgunds ist die Côte d'Or, ein etwa 60 km langer, nach Osten offener Kalksteinabbruch, der die Rebberge gegen Westen schützt und der wärmenden Morgensonne öffnet. Seit

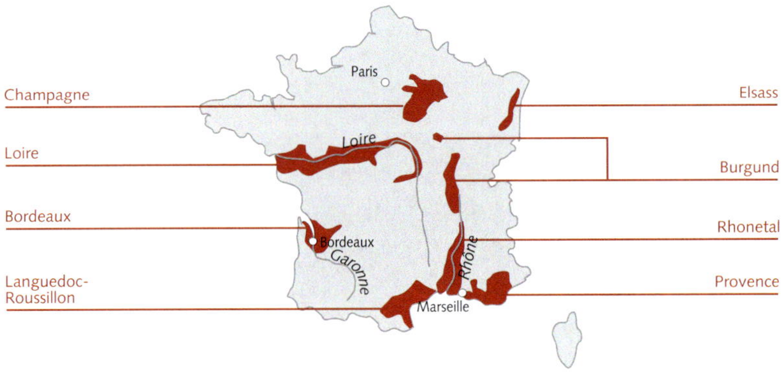

dem frühen Mittelalter bauten Mönche hier Wein an und lieferten ihn an die Reichen und Mächtigen. Im nördlichen Teil, der Côte de Nuits, erreicht die Pinot-Noir-Rebe (→ S. 130) ihren vollendeten Ausdruck in Weinen von betörender Sinnlichkeit. Im südlicheren Teil, der Côte de Beaune, liegt die Heimat des Chardonnay (→ S. 135), der hier, trotz seiner weltweiten Erfolgsstory, gewissermaßen zu sich selbst findet. Im Süden schließt sich die Côte Chalonnaise an, die mit ihren in der Regel etwas leichteren Weinen aus den gleichen Rebsorten eine preislich sehr interessante Alternative zur oft unerschwinglichen Prominenz im Norden bietet. Noch weiter im Süden liegt das Beaujolais. Trotz der unsäglichen Weinschwemme des Beaujolais Primeur besitzen die Weine dieser Region ihren eigenen Charme: Aus der Gamay-Traube (→ S. 132) gekeltert, sind sie jung getrunken ein großes Vergnügen.

Vom Rest Burgunds getrennt liegt ganz im Norden das Chablis, ein reines Weißweingebiet (Chardonnay). Das kühlere Klima und der Kalkboden aus fossilen Austernschalen begünstigen einen mineralischen Wein von feiner Frucht, der wunderbar zu Meeresfrüchten passt.

Loire

Die Ufer des längsten Flusses Frankreichs sind auf über fünfhundert Kilometern Länge mit Reben geschmückt und daher kein einheitliches Weinbaugebiet. Nahe der Mündung und wie als Begleiter zu den Gaben Neptuns geschaffen, wächst der trockene und leicht salzige Muscadet aus einer dem Chardonnay verwandten Traube. An der oberen Loire, in den Weinbergen von Sancerre und Pouilly-Fumé erbringt die Sauvignon-Blanc-Rebe (→ S. 136) ihre komplexesten Weine. Der Boden ist oft reich an Silex (Feuerstein), der dem Wein einen reizvollen mineralischen Charakter verleiht.

Rhône

Bei Lyon wendet sich die Rhône direkt nach Süden und öffnet sich geografisch und kulturell dem Mittelmeerraum. Die Weine werden warm, kraftvoll und feurig. Bis zum Meer ist es aber noch weit, eine Vielzahl von Appellationen reiht sich an die Ufer des größten Stroms Frankreichs. An der nördlichen Rhône herrscht die Syrah-Rebe (→ S. 131) vor und erbringt die berühmten Weine von Cornas, der Côte Rôtie, von Crozes-Hermitage und Hermitage. An der südlichen Rhône nimmt der Einfluss der Grenache-Traube zu, die aber oft

Das Schloss von Pierreclos im Mâconnais

mit anderen Trauben verschnitten wird. Die Appellationen heißen etwa: Châteauneuf-du-Pape, Côtes du Rhône und Gigondas.

Bordeaux

Bordeaux ist ein Monument, das berühmteste und größte Weinbaugebiet Frankreichs. Der milde Golfstrom des Atlantiks, die breite Flussmündung der Gironde und die sanften Hügel aus wasserdurchlässigem Kies prägen Boden und Klima dieser Landschaft. Am linken Ufer der Gironde liegt das *Médoc*. Hier überwiegt die Cabernet-Sauvignon-Traube (→ S. 128), deren Strenge etwas gemildert wird durch einen Zusatz von Merlot (→ S. 129). Die besten Weine sind oft unerschwinglich teuer, strahlen aber nach Jahren der Reife eine unnachahmliche Majestät aus.

Auf der rechten Seite der Dordogne erstrecken sich die Appellations Contrôlées *St.-Emilion* und *Pomerol*. Hier dominiert der Merlot (→ S. 129) und verleiht den Weinen mehr Sinnlichkeit und Opulenz, trotzdem bleiben sie kraftvoll und elegant.

Ein spezielles Mikroklima im Gebiet von *Sauternes* und *Barsac*, südlich der Garonne, begünstigt im Herbst den Befall der reifen Trauben mit einem Schimmelpilz (Botrytis cinerea). Die Beeren verlieren dadurch Wasser, ihr Zuckergehalt und alle Aromastoffe werden extrem konzentriert. Das Resultat sind praktisch unsterbliche Süßweine.

Midi

Mit den Weinen aus dem Midi haben bis vor wenigen Jahrzehnten vor allem die Pariser Arbeiter den Staub aus ihren durstigen Kehlen gespült. Seit einigen Jahren erwachen die Regionen zwischen Marseille und den Pyrenäen aber aus ihrem Dornröschenschlaf und überraschen die Weinwelt mit fruchtigen, tiefdunklen Weinen, die den würzigen Duft der Garrigue ausströmen: Minervois, Fitou, Corbières, Coteaux du Languedoc.

Die Sprache des Etiketts

Qualitätsstufen	Andere Angaben
Appellation Contrôlée oder Appellation d'Origine Contrôlée (AC, AOC): Staatliche Herkunfts- und Produktionsgarantie **VDQS (Vin Délimité de Qualité Supérieure):** Eine Stufe unter AC **Vin de Pays:** Einfacher Wein aus einer bestimmten Region **Vin de Table:** Einfacher Wein ohne Herkunfts- und Jahrgangsangabe	**Klassifikationen:** Cru, Cru Classé, Grand Cru, Premier Cru. Damit werden in einem komplizierten System bestimmte Lagen besonders ausgezeichnet. **Mis en bouteille au château (domaine, propriété):** Erzeugerabfüllung **Villages:** Besserer Ort innerhalb einer Appellation Contrôlée (AC)

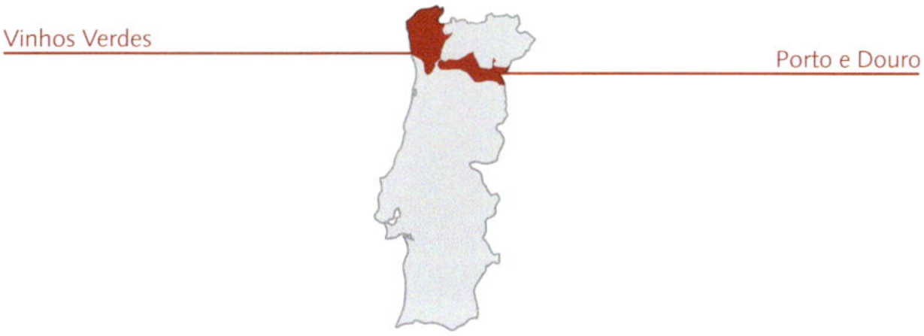

Portugal

Noch vor wenigen Jahren hat jeder Weinfreund Portugal ausschließlich mit Portwein verbunden. Den Mateus hätte er ignoriert, von anderen Tischweinen kaum etwas gewusst, und der Madeira war sowieso wie ein fernes Märchen. Madeira ist ein Märchen geblieben, den Mateus ignorieren wir weiter, aber die neue Generation von »Tischweinen« sollten wir uns auf keinen Fall entgehen lassen.

Portwein

Dem Douro entlang flussaufwärts, etwa 100 km von der Hafenstadt Porto entfernt, liegt das Anbaugebiet des Portweins (→ S. 117, 127), der aus zahlreichen Rebsorten hergestellt wird. Hier hat der Fluss eine tiefe Schlucht in den Fels und die Schieferschichten des Hochlands gegraben. Auf den Terrassen der extrem trockenen Talhänge suchen die Wurzeln der Reben in der Tiefe nach Spuren von Wasser. In den Beeren konzentrieren sich Aroma, Zucker und Farbe. Port wird aber erst zu Port durch seine Verarbeitung: Die Gärung der Maische (→ S. 153) wird bei noch erheblichem Restzucker durch Zugabe von Branntwein gestoppt (→ S. 127). Um trotzdem möglichst viel Extrakt aus den Beerenschalen zu lösen, werden die Trauben traditionellerweise von den Männern zu Musik mit den Füßen gestampft. Die Schönen des Dorfes tanzen dazu.
Hier oben gedeihen aber auch einige erstaunliche Rotweine, aus einer ebenso erstaunlichen Vielzahl von über achtzig autochthonen Rebsorten (→ S. 152).

Vinho Verde

Angrenzend an das spanische Galizien wachsen unter ganz ähnlichen klimatischen Bedingungen auf portugiesischem Boden bedeutende Weißweine. Die besten stammen aus der gleichen Traubensorte wie in Spanien, die dort Albariño und hier Alvarinho genannt wird.

Weinterrassen im Dourotal

Spanien

Spanien ist riesig, fast überall im Land wächst Wein in gegensätzlichen Klimazonen: vom kühlen Galizien im Nordosten über die milderen Mittelmeergebiete bis zum glühenden Hochland im Zentrum. Entsprechend umfasst der Weinkosmos Spanien alles, was das Weinherz begehrt, und das in wachsender Qualität: vielfältige Rot- und Weißweine, eine ganz eigenständige Interpretation des Themas Schaumwein (Cava → S. 109) und das eigentliche Wunder des Landes, den Sherry (→ S. 117, 127).

Katalonien

Katalonien umfasst verschiedenartige, fast gegensätzliche Weinregionen, von denen wir nur zwei herausgreifen: Penedès und Priorat.
Südwestlich von Barcelona in den kühlen Hügeln von *Penedès* wachsen drei einheimische Rebsorten für den »Champagner« Spaniens, den Cava (→ S. 109).
Noch weiter südwestlich, schon tief im Gebirge versteckt, liegt das kleinste und erstaunlichste Weingebiet Spaniens, das *Priorat.* Steile Hänge und brauner Schiefer haben hier eine einmalige geologische Situation geschaffen – für einen hauptsächlich aus der Cariñena-Traube gekelterten konzentrierten Wein von atemberaubender Wucht und Fülle.

Rioja

Spanien hat Amerika entdeckt und die Winzer in Rioja die amerikanische Eiche. Ihre überwiegend aus der Tempranillo-Rebe (→ S. 132) erzeugten Weine reifen in diesem Holz zu typischer Vanillesüße heran (→ S. 153). Starke Ausgangsweine erreichen auf diese Weise Kraft, Feinheit und Adel und können Jahrzehnte alt werden. Leider gibt es aber auch viele Weine, die für den Ausbau im Holzfass nicht geschaffen sind und uns – hell und ausgezehrt – wenig Genuss schenken. Etwa 20 % der Weine aus Rioja sind weiß und erfreuen uns zunehmend mit jugendlichem Duft.

Ribera del Duero

Auf 800 m Höhe am Oberlauf des Duero (an dessen Unterlauf in Portugal der Port wächst) sind die Tage zwar heiß, die Nächte aber auch im Sommer kühl: ideale Bedingungen für einen tiefdunklen saftig-fruchtigen Rotwein, der dem Rioja absolut ebenbürtig ist. Der berühmteste Rotwein Spaniens, der Vega Sicilia, stammt von hier.

Rías Baixas

Galizien ist die grüne Ecke Spaniens. Die kühlen Winde des Atlantiks bringen Wolken und Regen bis tief ins zerklüftete Landesinnere; ein

Weinplantage südlich von Cordoba in Andalusien

ideales Klima für den besten Weißwein des Landes aus der Albariño-Traube, die oft mit dem Riesling verglichen wird.

Jerez

Das Anbaugebiet Jerez in der südlichsten Ecke Andalusiens liegt schon fast auf der Höhe Afrikas. In Jerez de la Frontera wird aus der Palomino-Traube einer der eigenwilligsten und feinsten Weine der Welt gekeltert: der Sherry (→ S. 114, 127).

Tempranillo ist die spanische Rotweinsorte schlechthin

Die Sprache des Etiketts

Qualitätsstufen	Andere Angaben
Denominación de Origen (DO): Staatliche Herkunfts- und Produktionsgarantie	**Crianza:** Mindestens 2 Jahre Ausbau, davon 6 Monate im Eichenfass
Denominación de Origen Calificada (DOCa): Spitzenwein (nur in Rioja)	**Reserva:** Mindestens 3 Jahre Ausbau, davon 1 Jahr im Eichenfass
Vino de la Tierra, Vino Comarcal: Einfacher Wein aus einer bestimmten Region	**Gran Reserva:** Mindestens 5 Jahre Ausbau, davon 2 Jahre im Eichenfass
Vino de Mesa (VdM): Einfacher Wein	**Embotellado (de origen):** Erzeugerabfüllung

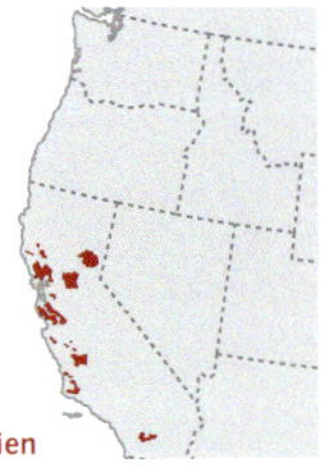
Kalifornien

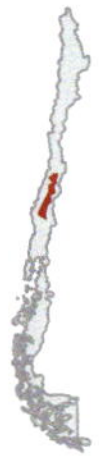
Chile

Neue Welt

Etwas hochnäsig sprechen wir von »Neuer Welt«, dabei ist belegt, dass die ersten Reben 1522 in Mexiko, 1655 in Südafrika und 1788 in Australien gepflanzt wurden. Wirklich ins Bewusstsein der Europäer drangen die Weine der Neuen Welt dennoch erst seit den späten sechziger Jahren mit dem Weinwunder Kaliforniens. Seit den achtziger Jahren kamen immer mehr erstaunliche Weine der Südhalbkugel hinzu. Was ist diesen Weinen gemeinsam? Tendenziell kann man sagen: Sie sind alle von der Suche nach Fruchtfülle und Aromastärke geprägt, die sie leicht verständlich und zugänglich macht. Und sie bewegen sich im Eilschritt auf größere Eigenständigkeit, Differenziertheit und Eleganz zu.

Kalifornien

In den Tälern Kaliforniens verbinden sich die kühlen Nebel des Pazifiks mit der Hitze des Landesinneren zu einem für hochwertigen Weinbau einmaligen Klima. Das wurde schon im 19. Jahrhundert entdeckt, doch erst vor etwa vierzig Jahren ist die kalifornische Rakete wirklich gestartet: Amerikanischer Pioniergeist hat das Know-how der Alten Welt wissenschaftlich und technologisch weiterentwickelt und mit Kapital aus Europa und den USA eine neue Weinwelt geschaffen. Die Qualität stieg atemberaubend (ebenso die Preise), aber die Moden wechselten häufig. Heute werden vor allem die klassischen französischen Rebsorten meist sortenrein angebaut: Chardonnay (→ S. 135), Cabernet Sauvignon (→ S. 128), Merlot (→ S. 129) und dazu die dunkelwürzige Rebsorte Zinfandel (→ S. 97).

Warum werden alle europäischen Rebsorten gepfropft?

Die größte Katastrophe der gesamten Weingeschichte wurde durch ein kleines amerikanisches Tierchen angezettelt, das in der zweiten Hälfte des 19. Jahrhunderts in Europa eingeschleppt wurde und sich heimtückisch an die Wurzeln aller europäischen Reben heranmachte: Innerhalb weniger Jahrzehnte gelang es der Reblaus, den gesamten Rebbestand Europas zu befallen und beinahe zu vernichten.

Die für den Qualitätsweinbau ungeeigneten amerikanischen Rebenarten konnten sich dagegen seit Jahrmillionen auf diesen Schädling einstellen und wurden so resistent.

In dieser Resistenz lag schließlich der Schlüssel für die Rettung in Europa. Die europäischen Rebsorten wurden auf amerikanische Wurzelstöcke (Unterlagen) aufgepfropft und waren damit gegen die Reblaus gefeit.

Seither werden ungepfropfte (wurzelechte) Rebstöcke europäischer Reben nur noch in sehr abgelegenen Gebieten (z. B. in Chile) und mit einem hohen Restrisiko gepflanzt.

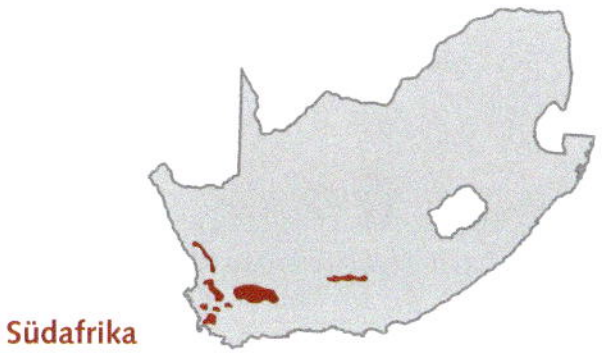

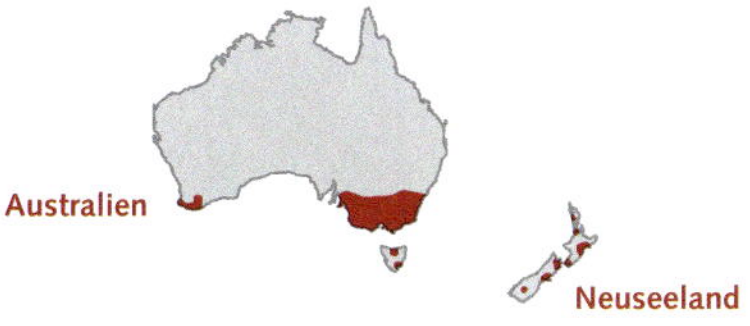

Chile

Die Weinberge Chiles liegen hauptsächlich im trockenen Zentraltal südlich der Hauptstadt Santiago und bei Curico. Diese abgeschiedene Lage hat das Land bis heute vor der Reblaus geschützt, so dass die Reben hier noch weitgehend ungepfropft wachsen können. Die Wasser der schneereichen Anden bewässern die trockenen Weinberge, die Kühle des Pazifiks schützt die Pflanzen vor der Hitze der afrikanischen Breitengrade. Erst seit den achtziger Jahren wurde Chile zu einem Mitspieler auf dem internationalen Weinparkett, hat sich aber in diesen zwanzig Jahren mit hervorragendem Cabernet Sauvignon (→ S. 128) und immer mehr auch mit bemerkenswerten Weißweinen einen Namen geschaffen.

Südafrika

Während der Zeit der Apartheid waren die Exportmärkte dem südafrikanischen Wein verschlossen. Er fristete ein in alten Strukturen gefangenes, auf Massenproduktion ausgerichtetes Dasein. Nach 1994 öffnete sich der europäische Markt diesen einfachen, aber angenehm gemachten Weinen, die dennoch dadurch ihren zweifelhaften Ruf nicht wirklich verbessern konnten. Erst in allerjüngster Zeit spürt man vermehrt Anzeichen eines erneuten Aufbruchs. Südafrika ist traditionell ein Weißweinland, das aber mit Cabernet Sauvignon (→ S. 128) und der einheimischen Sorte Pinotage inzwischen auch vielversprechende Gehversuche beim Rotwein unternimmt. *Stellenbosch* ist das größte Anbaugebiet, von hier gehen auch die wichtigsten Impulse für die Neuorientierung aus.

Australien

Australien nimmt im Weinbau auf der Südhalbkugel qualitativ sicher die führende Stellung ein. Im kühlen Süden des Kontinents können Reben fast überall angepflanzt werden. Weinbau ist für die pragmatisch denkenden Australier eine Art industrieller Landwirtschaft, in der Trauben verarbeitet werden, die oft gekühlt über weite Strecken in die Verarbeitungsanlagen transportiert werden. Das Terroir (→ S. 154) spielt kaum eine Rolle, dem Kellermeister geht es um die Fruchtigkeit der Traubensorte. In dieser Hinsicht sind die Australier nur schwer zu schlagen. Kommt dann noch ein gehöriger Schuss Eichenholzwürze hinzu, so ist der Erfolg auf den internationalen Märkten gesichert. Die wichtigsten roten Rebsorten sind Shiraz (→ S.131) und Cabernet Sauvignon (→ S. 128), reinsortig oder verschnitten (→ S. 135), und Chardonnay (→ S. 135) sowie Semillon (→ S. 136) bei den Weißen.

Neuseeland

1960 waren hier erst 400 Hektar Land mit Reben bepflanzt, im Jahr 2000 waren es schon 12 000. Und das Land ist weiterhin in einer stürmischen Entwicklung begriffen. Neuseeland ist ein Weißweinland. Zwar ist die Produktion noch klein und etwas unübersichtlich über beide Inseln verteilt, aber die Weinbauern haben einen ganz eigenen Stil entwickelt, in dem sich die typische Fruchtigkeit der Neuen Welt mit einer fast europäischen Frische verbindet. Die schönsten Sauvignon Blancs (→ S. 68, 136) der Südhalbkugel wachsen hier. Man spürt deutlich das Potenzial und darf mit Fug und Recht gespannt sein.

Glossar

Das A – Z des Weins

A

Abgang
Geschmackseindruck nach dem Schlucken. Dauer und Intensität des Abgangs sind ein zuverlässiger Hinweis auf die Qualität eines Weins.

Adstringierend
Zusammenziehend. Ein durch Gerbstoffe (Tannine und Säure) hervorgerufener, trockener Geschmackseindruck im Mund. Besonders bei jungen Rotweinen.

Alkohol
Die meisten Weine enthalten zwischen 10 und 14% Alkohol. Bei verstärkten Weinen bis 22%. Hefepilze verwandeln den Fruchtzucker während der Gärung in Alkohol. Er löst die Aromastoffe aus den Beeren und konserviert den Wein.

Apfelsäure
Säure von unreifen Trauben. Kann in schlechten Jahren hart und unangenehm sein, gibt dem Weißwein aber oft auch willkommene Frische. Im Rotwein immer unerwünscht.

Assemblage
Mischung verschiedener Weine aus derselben Region.

Ausbau
Alle kellertechnischen Maßnahmen zwischen Vergärung und Abfüllung. Insbesondere auch die Reifung im Fass und im Tank (→ S. 124).

Ausgewogen
Der Wein ist ausgewogen, wenn zwischen den wichtigsten Komponenten (Säure, Süße, Alkohol, Frucht, Tannin usw.) ein harmonisches Gleichgewicht besteht.

Autochthone Rebsorten
Rebsorten, die nur in einem eng begrenzten Gebiet vorkommen.

B

Barrique
Kleines Eichenfass von 225 Litern Volumen. Sein Ursprung liegt im Bordelais, heute wird es auf der ganzen Welt für hochwertige moderne Weine verwendet. Neue Barriques schenken dem Wein vielfältige Aromen (Röst-, Vanilletöne).

Botrytis cinerea (Edelfäule)
Besonders bei Süßweinen erwünschter Schimmelpilz, der den voll ausgereiften Trauben Wasser entzieht und Zucker, Säure und Aromastoffe konzentriert.

Bouquet, Bukett
Bei jungen Weinen spricht man von Duft und Aroma, um die Gesamtheit der Geruchseindrücke zu beschreiben, bei reifen Weinen eher von Bouquet.

C

Charakter
Wein mit einem individuellen, eigenständigen Profil.

Cru
Herausragende Weinberglage mit eigenem Charakter.

Cuvée
Beim Champagner: Assemblage der verschiedenen Grundweine. Sonst auch Bezeichnung für eine bestimmte Abfüllung oder Mischung von Weinen (s. Verschnitt).

D

Dekantieren
Umgießen des Weins aus der Flasche in eine Karaffe (→ S. 19).

Depot
Ablagerung in der Flasche, besonders bei hochwertigen Rotweinen nach längerer Lagerung.

E

Edelfäule
Siehe Botrytis cinerea.

Entrappen
Meist maschinelle Trennung der Beeren von den Stielen vor der Vergärung (→ S. 122).

Ertrag
Bezeichnet die in einem Weinberg pro Jahr erzeugte Menge an Wein in Hektolitern pro Hektar (hl/ha). Mit steigendem Ertrag sinkt die Qualität und umgekehrt.

Erzeugerabfüllung
Der Wein wurde vom Produzenten aus eigenen Trauben gekeltert und selbst abgefüllt (frz. »Mise en bouteille à la propriété« oder »au château«, it. »Imbottigliato all'origine«, engl. »Estate bottled«).

Extrakt
Die im Wein gelösten Inhaltsstoffe bleiben als Rückstand nach dem Verdampfen von Wasser und Alkohol zurück. Dazu gehören Zucker, Säuren, Glycerin, Mineralien usw.

F

Finesse
Zur Bezeichnung eines feinen, vornehmen und eleganten Charakters.

G

Gerbstoffe (Tannine)
Gerbstoffe sind Substanzen, die entweder aus der Traube (Schalen, Kernen, Stielen) selbst oder aus dem Holz des Fasses stammen. Sie bewirken im Mund ein adstringierendes (s. d.) Gefühl. Bei reifen Rotweinen tragen sie wesentlich zur Struktur (s. d.) des Weines bei. Sie konservieren den Wein und sind daher für eine längere Lagerung unerlässlich.

H

Hektar (ha)
10 000 Quadratmeter

Hektoliter (hl)
100 Liter

K

Kirchenfenster
Die nach dem Schwenken am Glas herablaufenden wasserklaren »Tränen«. Sie deuten auf viel Extrakt, besonders auf Alkohol und Glycerin hin.

Kohlensäure
Bei der Gärung entsteht das Gas Kohlendioxid, das in der Regel entweicht. In Schaum- und Perlweinen wird es aber unter Druck im Wein als Kohlensäure gelöst. Bei jungen Weißweinen ist ein kleiner Anteil ebenfalls erwünscht, bei Rotweinen hingegen eher ein Hinweis auf eine fehlerhafte Nachgärung in der Flasche.

Komplex
Ein Wein, der reich ist an verschiedenen Nuancen in Duft und Geschmack.

Klon
Jede Rebsorte verändert sich dauernd durch kleine (natürliche oder züchterische) Mutationen, man nennt sie Klone. Mit der Klonenselektion versucht man die Klone mit den besten Eigenschaften für die weitere Vermehrung auszuwählen.

Körper
Die Extraktstoffe und der Alkohol verleihen dem Wein Gewicht und Geschmack. Man nennt diesen Eindruck Körper. Er kann mager, kräftig, mächtig, aber auch plump sein.

M

Maische
Mus von zerquetschten Trauben mit Saft, Schalen und Beeren.

Milchsäure
Milde Säure in Rot- und vielen Weißweinen. Sie entsteht aus der Apfelsäure (s. d.) durch die zweite oder malolaktische Gärung, einen bakteriellen Prozess (→ S. 124).

Most
Traubensaft nach der Pressung (ohne Häute und Kerne), noch unvergoren oder schon in Gärung.

Mostgewicht
Gehalt des Mosts an natürlichem Zucker. Wird in Deutschland und in der Schweiz in Oechsle-Graden gemessen.

O

Oechsle
Maßeinheit für das Mostgewicht, woraus man auf den Zuckergehalt der Trauben schließen kann.

Önologie
Lehre vom Wein.

Oxidation
Veränderung des Weins durch die Wirkung von Sauerstoff. Ein oxidierter Wein ist durch übermäßigen Luftkontakt flach, schal und braun geworden. Bei einigen Süßweinen ist Oxidation ein notwendiges Geschmackselement.

R

Rassig
Frische kräftige Säure.

Reinsortig
Wein, der aus einer einzigen Rebsorte gekeltert wurde.

Restsüße (Restzucker)
Zuckergehalt im fertigen Wein, der durch die Gärung nicht in Alkohol umgewandelt oder als Süßreserve (s. d.) beigefügt wurde.

S

Schönen
Die feinen Schwebstoffe im Wein können durch Einbringen einer gerinnenden Substanz ins Fass (meist Eiweiß) nach unten »abgefiltert« werden.

Sortenrein
Wein aus nur einer Rebsorte.

Spriten
Einen Wein mit Alkohol anreichern (Port, Sherry).

Stillwein
Wein ohne wesentlichen Anteil an Kohlensäure. Gegensatz: Schaumwein, Perlwein.

Struktur
Innere Architektur des Weins. Sie baut sich vor allem aus den Elementen Extrakt, Tannin und Alkohol auf. Das Wort wird aber auch zur Bezeichnung des taktilen Eindrucks verwendet, den der Wein im Mund hervorruft.

Süßreserve
Unvergorener (süßer) Most, der dem fertig vergorenen Wein zugefügt wird.

T

Tannin s. **Gerbstoffe**

Terroir
Die Gesamtheit der Faktoren, die an einem bestimmten Ort auf den Wein einwirken, nennt man Terroir. Es umfasst Boden, Lage und Klima genauso wie den menschlichen Faktor Tradition. Das Zusammenwirken all dieser Elemente schenkt dem Wein seinen einmaligen, unverwechselbaren Charakter. Man spricht dann auch von Terroir-Weinen.

Trester
Ausgepresste Schalen, Kerne (und Stiele) der Trauben.

Trocken
Wenig Restzucker. Das Gegenteil ist »lieblich«.

V

Verschnitt (frz. Cuvée)
Mischung von Weinen aus verschiedenen Traubensorten, Lagen, Regionen oder Jahrgängen.

W

Weinstein
Ablagerung von Weinsäurekristallen am Korken oder in der Flasche von Weißweinen. Weinstein ist kein Fehler.

Weinbücher

Wenn dieses Buch Ihre Freude am Wein bereichern und vertiefen konnte, dann empfehlen wir Ihnen ganz unbescheiden das Nachfolgewerk, das Ihnen in ähnlicher Weise unser aller Lieblingsland Italien mit seinen Weinen näher bringt. Es erscheint im Herbst 2004.

Das wichtigste Weinbuch überhaupt ist »**Der Weinatlas**« von Hugh Johnson und Jancis Robinson. Es ist zwar etwas teuer (Preiskategorie 6), aber nirgendwo sonst finden Sie so detaillierte Karten und plastische Portraits aller Weinregionen der Welt, wie in diesem Buch. Es ist voll von Informationen und trotzdem mit heißem Herzen geschrieben.

Jedes Jahr erscheint der »**Kleine Johnson**«. In ihm findet man alle Angaben zu den Weinen, die weltweit neu auf den Markt gekommen sind. Aktueller und kompakter geht es nicht mehr. Gleichzeitig steckt das kleine Büchlein randvoll mit Wissenswertem und Nützlichem rund um das Thema Wein.

Wer genauere Informationen zu den wichtigsten Weinen und Produzenten der ganzen Welt sucht, ist wiederum mit einem Johnson-Titel am besten bedient: dem »**Großen Johnson**«. Er stellt eine Art weiterführendes Textbuch zum Weinatlas dar. Hugh Johnson versteht es wie kein anderer Autor nicht nur für höchste Zuverlässigkeit und Vollständigkeit aller Angaben zu garantieren, sondern hinter den technischen und geografischen Angaben das ganze Wunder des Weins spüren zu lassen.

Rundum empfehlen können wir Ihnen von **Jens Priewe: »Wein – Die neue große Schule«**. Eine gekürzte Fassung ist auch in Taschenbuchform unter dem Titel: »**Weinwissen**« erschienen. Priewe vertieft darin sehr sachkundig die Themen, die das vorliegende Buch in den Teilen 1 und 3 darstellt.

Ein umfassendes Nachschlagewerk ist »**Das Weinlexikon**« von Horst Dippel, das auch als Taschenbuch im Fischer-Verlag vorliegt.

Vielleicht haben auch Sie ein Lieblingsland, in dessen Weinwelt Sie sich weiter vertiefen möchten. Wir können Ihnen für diese genussvolle Reise im Lehnstuhl (und natürlich mit einem duftenden Glas Wein in Reichweite) die Bände »**Weinlandschaft Italien**«, »**Weinlandschaft Frankreich**« und »**Weinlandschaft Spanien**« wärmstens empfehlen. Alle im Hallwag-Verlag.

Selbst für den Fachmann ist es praktisch unmöglich sich persönlich einen Überblick über die immense Vielfalt der Weine zu verschaffen, die jedes Jahr neu auf den Markt kommt. Glücklicherweise erscheinen für die wichtigsten Weinländer jährlich große Testberichte, die die neuen Weine bewerten und beschreiben. Wichtig ist dabei natürlich die absolute Unabhängigkeit und fachliche Kompetenz der Autoren. Ohne Einschränkung können wir Ihnen folgende drei Werke empfehlen, die jährlich erscheinen und für jeden Weinliebhaber wichtige Einkaufsführer darstellen: »**Gerhard Eichelmann, Deutschlands Weine**«; »**Gambero Rosso/Slow Food: Vini d'Italia**«; »**Hachette: Weinführer Frankreich**«.

Guter Wein muss nicht teuer sein. Jedes Jahr durchforstet Bernd Kreis die Weinhandlungen Deutschlands und Österreichs nach Weinen, die hohen Genuss schenken und den Geldbeutel schonen. Das Bezugsquellenverzeichnis sagt Ihnen genau, welche Weine auch in Ihrer näheren Umgebung dazugehören. »**Bernd Kreis: 500 Weine unter 10 €**«.

Auch die Weinwelt ist leider ein Jahrmarkt der Eitelkeiten und nicht frei von humorlosen »Fachleuten«. Da tut es gut, wenn zwei junge Autoren respektlos zur Sache gehen. Witzig, frech und kompetent sind die Bücher der beiden Brüder **Cornelius und Fabian Lange: »Keine Angst vor Wein«, »Bella Italia«, »Abenteuer Einkauf«** und »**Stile, Trends und Moden**«.

Wer sich von den Rebsorten her dem Thema Wein annähern möchte, findet in **Clarke's »Großes Lexikon der Rebsorten«** einen ebenso kompetenten wie auch unterhaltsamen Wegweiser.

Register

Bildnachweis

Fotos: Stefan Braun Cover, S. 5 oben, 12, 16, 17/alle, 21/alle, 22, 27/alle, 60/2. von oben, 106/links, sowie alle freigestellten Weinflaschen; Corbis/Charles O'Rear S. 69/1. von unten, 115/2. von oben; Corbis/Dennis Marsico S. 105/1. von unten; Corbis/John Heseltine S. 111/1. von unten; Faber & Partner S. 63/1. von unten, 79/1. von unten, 98/1. von unten; Peter von Felbert Umschlag, S. 4/ links, 4/rechts, 5/unten rechts, 5/unten links, 6/unten links, 7/links, 7/rechts, 8, 9, 10/11, 13, 15, 18, 19, 23, 25/alle, 26, 31/links, 31/rechts, 32, 33/links, 33/rechts, 34/35, 36, 37, 118/119; Getty Images/Ian Shaw S. 122; Getty Images/Doug Armand S. 74/1. von unten; Bildagentur Huber/Giovanni S. 49/1. von unten, 81/1. von unten, 108/1. von unten; Bildagentur Huber/R. Schmid S. 55/1. von unten, 60/1. von unten, 73/1. von unten, 139, 147; IFA-Bilderteam S. 48/2. von oben, 70/links, 84/1. von unten, 87/2. von oben, 91/1. von unten, 92/1 von oben, 102/2. von unten; Imagebank/Luis Veiga S. 117/1. von unten; INSIDE/COTE SUD/ B.TOUILLON S.133; LOOK/Rainer Martini, S. 91/2. von oben; MAURITIUS/Hackenberg S. 6/oben, 91/2. von oben; MAURITIUS/Leblond S. 90/1. von unten; MAURITIUS/Mehling S. 145; MAURITIUS/Pigneter S. 140; MAURITIUS/Raga S. 54/1. von unten; MAURITIUS/Röder S. 68/1. von unten; MAURITIUS/Rossenbach S. 75/1. von unten; MAURITIUS/Schmidt S. 61/1. von unten, 97/2. von oben; MAURITIUS/Schmidt-Luchs S. 100/rechts; MAURITIUS/Thonig S. 51/1. von unten, 70/rechts, 149; Root Stock/Hendrik Holler S. 128, 129, 130, 131, 135; SCOPE/Jean-Luc Barde S. 102/1. von unten, 114/2. von oben; SCOPE/ Bernard Galeron S.78/1. von unten, 87/1. von unten; SCOPE/Jacques Guillard S. 42/2. von oben, 42/1. von unten, 48/1. von unten, 66/1. von unten, 102/1. von unten, 104/1. von unten; SCOPE/Michel Guillard S. 45/1. von unten; SCOPE/Michel Plassart S. 62/1. von unten; StockFood/CEPHAS/ R.A.Beatty S. 116/2. von oben; StockFood/CEPHAS/Christodolo S. 141; StockFood/CEPHAS/ Steve Elphick S. 50/1. von unten; StockFood/CEPHAS/Dario Fusaro S. 116/1. von unten; StockFood/CEPHAS/Herbert Lehmann S. 99/1. von unten; StockFood/CEPHAS/Muschenetz S.80/ 1. von unten; StockFood / CEPHAS / Mick Rock S. 43/1. von unten, 44/1. von unten, 45/2. von oben, 57/1. von unten, 61/2. von oben, 67/1. von unten, 72/1. von unten, 93/1. von unten, 96/1. von unten, 109/2. von oben, 109/1. von unten, 114/1. von unten, 115/1. von unten, 126, 134; StockFood/Gerrit Buntrock S. 111/2. von oben; StockFood/Gregory Clark S. 52/rechts; StockFood/Peter A. Eising S.106/rechts; StockFood/Jörg Lehmann S. 51/2. von oben; StockFood/Martina Meuth S. 64/rechts; StockFood/Orion Press S. 73/2. von oben; StockFood/Studio R. Schmitz S. 105/2. von oben; StockFood/Maximilian Stock LTD S. 68/2. von oben, 99/2. von oben; TEUBNER FOODFOTO S. 28, 44/2. von oben, 49/2. von oben, 50/2. von oben, 52/links, 56/1. von unten, 58/links, 58/rechts, 66/2. von oben, 67/2. von oben, 69/2. von oben, 72/2. von oben, 74/2. von oben, 75/2. von oben, 78/2. von oben, 79/2. von oben, 80/2. von oben, 82/links, 82/rechts, 84/2. von oben, 85/1. von unten, 86/1. von unten, 88/rechts, 90/2. von oben, 93/2. von oben, 94/links, 94/rechts, 98/2. von oben, 100/links, 103/2. von oben, 104/2. von oben, 110/1. von unten, 112/rechts; Erwin Thomas S. 6/unten rechts, 112/links, 120/links, 120/rechts, 121, 137; ZEFA 64/links, 88/links, 97/1. von unten, 124;
Grafik: Stallmann & Ganguin S. 125
Karten: MERIAN-Kartographie
Kartenredaktion: Reinhard Piontkowski
Weinfarben: Eberhard Spangenbergs GARIBALDI, Weinimport

Projektleitung: Marc Strittmatter
Verlags- und Programmleitung: Dorothee Seeliger
Redaktion: Cornelia Schinharl
Gestaltung (Innenlayout): Independent Medien-Design, Kathrin Schemel
Bildredaktion: Daniela Jelinek
Korrektorat: Renate Haen
Foodstyling: Margit Proebst
Herstellung: Maike Harmeier
Satz: Filmsatz Schröter, München
Repro: Repro Ludwig, Zell am See
Druck: Appl, Wemding
Bindung: Großbuchbinderei Monheim

HALLWAG ist ein Unternehmen der
GRÄFE UND UNZER VERLAG GmbH, München,
GANSKE VERLAGSGRUPPE
hallwag-leserservice@graefe-und-unzer.de

ISBN 3-7742-6139-3

GRÄFE UND UNZER

Hallwag

Ein Unternehmen der
GANSKE VERLAGSGRUPPE

Der Verlag dankt folgenden Unternehmen für die Bereitstellung von Weinen, Accessoires und Räumlichkeiten:

Codorníu Deutschland GmbH (Wein)
www.groupcodorniu.com

Gallo Deutschland GmbH (Wein)
www.gallo.de

Eberhard Spangenbergs GARIBALDI Weinimport (Wein)
www.garibaldi-wein.de

Hawesko, Hanseatisches Wein- und Sekt-Kontor (Wein)
www.hawesko.de

Kristallglasfabrik Spiegelau GmbH (Accessoires)
www.spiegelau.de

Le Creuset GmbH (Accessoires)
www.lecreuset.com

WALTER & BENJAMIN
(Wein und Räumlichkeiten)
www.walterundbenjamin.de